本书由国家自然科学基金项目“新兴技术创新联盟中社会资本管理悖论的形成与突破研究：基于松耦合视角”（编号：71702047）资助

经济管理学术文库 • 管理类

组织间社会资本对离岸服务外包绩效的影响研究

The Study of Interfirm Social Capital's Effects on Service Offshoring Performance

孙　彪／著

经济管理出版社
ECONOMY & MANAGEMENT PUBLISHING HOUSE

图书在版编目（CIP）数据

组织间社会资本对离岸服务外包绩效的影响研究／孙彪著. —北京：经济管理出版社，2019.4
ISBN 978-7-5096-6502-2

Ⅰ. ①组… Ⅱ. ①孙… Ⅲ. ①社会资本—影响—服务业—对外承包—经济绩效—研究
Ⅳ. ①F719

中国版本图书馆 CIP 数据核字（2019）第 064609 号

组稿编辑：杨 雪
责任编辑：杨 雪 亢文琴
责任印制：黄章平
责任校对：张晓燕

出版发行：经济管理出版社
（北京市海淀区北蜂窝 8 号中雅大厦 A 座 11 层 100038）
网 址：www. E-mp. com. cn
电 话：（010）51915602
印 刷：北京晨旭印刷厂
经 销：新华书店
开 本：720mm×1000mm/16
印 张：10
字 数：208 千字
版 次：2019 年 6 月第 1 版 2019 年 6 月第 1 次印刷
书 号：ISBN 978-7-5096-6502-2
定 价：49.00 元

前 言

离岸服务外包市场的客户需求多样化定制化、知识密集型业务增加、技术创新速度提升，加大了离岸合作组织间（或企业间）社会资本管理的复杂性和难度。如何针对离岸服务外包合作特有的情境管理组织间社会资本，提高服务产出效率和价值创造能力，成为发包方和接包方共同面对的挑战。当前有关组织间社会资本管理的研究，通常只强调构建一致的合作认知、整合且非正式的合作行为，却忽略了与一致性、整合性和非正式性分别“形影不离”的差异性、分散性和正式性。这一方面使管理人员无法深入理解组织间社会资本的作用机理，另一方面也无法在社会资本构建这样的高成本活动中合理配置资源。

为了应对上述问题，本书首先建立了一个“认知—行为—绩效”的研究框架。其中，“认知”即社会资本的认知维度，包括目标一致性一个构件；“行为”即社会资本的结构和关系维度，包括信息共享、问题协调和相互信任三个构件；“绩效”即离岸服务外包合作绩效。这样，“认知”体现了合作目标的一致性，“行为”的三个构件则共同体现了合作行为的整合性及非正式性。其次，松耦合理论强调，两种或两种以上实体相互间耦合既要保证一定的紧密性，又需要保持松散距离。结合其研究思路，企业间耦合的松散性主要表现在三个方面：模块化（分散）安排、契约（正式）治理和文化差异性。为了探讨在这些松散情境下，组织间社会资本对外包合作绩效影响机理的变化，本书深入探讨了如下三个问题：①外包业务模块化如何调节“行为”与“绩效”的直接关系；②外包契约完备性如何调节“行为”与“绩效”的直接关系；③组织间文化差异性如何调节“认知”与“行为”的直接关系。在变量设计的基础上，制订了相应的调查问卷，并对离岸服务外包企业进行了数据收集，最终获得了235份完整有效的问卷回复。在使用这些数据对本书提出的假设进行验证后，13个假设中有11个获得通过。本书所提出的概念模型得到了经验验证，研究结论提升了对外包组织间社会资本和绩效两者关系的认识，对离岸服务外包企业改善关系管理有一定的实际价值。

本书的创新性工作主要体现在如下几点：

第一，发现外包业务模块化减弱了信息共享对外包绩效的正向作用，却增强了问题协调、相互信任对绩效的正向作用。在业务模块化的分散安排下，组织间的整合互动的必要性和重要性是否会下降，已有文献存在相反的两种结论。Srikanth 和 Puranam（2011）指出，组织间模块化安排会降低整合互动对合作绩效的正向作用；Terjesen 等（2012）则发现，组织间模块化安排会提升整合互动对合作绩效的正向作用。本书将整合互动细化为信息共享、问题协调和相互信任三个构件，详细验证了业务模块化对这三个构件与外包绩效关系的调节作用。结果发现，业务模块化负向调节信息共享对绩效的直接作用，而正向调节问题协调、相互信任对绩效的直接作用。所得结论说明，上述文献中两种论点都成立，并揭示了分歧原因在于没有细分不同构件。

第二，发现契约完备性减弱了信息共享、问题协调分别对外包绩效的正向作用，却加强了相互信任对绩效的正向作用。在完备契约（正式治理）条件下，组织间非正式治理（信息共享、问题协调和相互信任）的必要性和重要性是否会下降，文献存在相反的两种结论。Wang 等（2011）指出，组织间完备契约会降低非正式治理（只包含信任）对合作绩效的正向作用；Carey 等（2011）则发现，组织间契约治理会提升非正式治理（只包含信任）对合作绩效的正向作用。本书详细验证了契约完备性对信息共享、问题协调和相互信任三种非正式治理构件与外包绩效关系的调节作用，结果发现对有的关系是增强作用，而对有的关系则是减弱作用。这很好地解释了文献中关于契约治理和非正式治理共存关系的矛盾结论。

第三，发现组织间文化差异性增强了目标一致性对信息共享的正向作用，却减弱了目标一致性分别对问题协调和相互信任的正向作用。在组织间文化差异水平较高的情境下，组织间目标一致性的重要性是否会下降，当前文献存在相反的两种结论。Yan 和 Dooley（2013）指出，组织间文化差异会增强目标一致性对合作绩效的正向作用；Ribbink 和 Grimm（2014）则发现，组织间文化差异会减弱一致合作战略对绩效的正向作用。本书详细探讨了文化差异性对目标一致性与三个行为构件（信息共享、问题协调和相互信任）直接关系的调节作用，结果发现文化差异性的正向和负向调节作用都存在。这很好地解释了文献关于文化差异性和目标一致性共存关系的矛盾结论。此外，本书还探讨了三个行为构件在前因（文化差异性、目标一致性）和结果（外包绩效）之间的中介作用。这回答了 Zheng（2010）对于认知因素与行为因素同时出现时，认知因素对合作绩效作用不显著的疑问。

目 录

第一章　绪论

第一节　研究的现实背景

技术更新换代速度的加快、产品质量标准的提升、运营效率比拼的升级以及产品生命周期的缩短等因素都迫使公司寻找维持和提升自身竞争力的外部解决方案，离岸服务外包便是其中之一（Aron & Singh，2005）。离岸服务外包可以定义为：发包方企业为了在全球范围内构建更具竞争力的运营模式，把原本内部的服务型运营业务进行分解，发包给离岸国家或地区的专业接包方完成后，再重新整合回自身业务系统中的管理实践（Metters，2008）。

一、全球离岸服务外包的发展现状

（一）规模及领域持续扩大

全球离岸服务外包实践起源于20世纪90年代，进入2000年以后快速发展。根据Gartner公司的数据，2002年仅有1%的美国公司有参与离岸服务外包的意愿，然而，仅仅过了两年（即2004年）这一比例就已经提高到50%以上。来自联合国贸发会（UNCTAD）的数据显示：全球离岸服务外包在2004年和2005年的总值分别为3000亿美元和5850亿美元。2010年，时任中国商务部副部长王超曾表示，全球财富前1000强公司中有95%已经制订了全球服务外包计划。此外，Gartner调查分析指出，仅2015年一年，就有330万个高科技工作岗位和部分服务业的工作岗位从美国本土以离岸外包的形式流出。其中，离岸业务流程外包所流失掉的岗位就有170万个，这一数据在2005年的时候仅仅是29.5万个（陈荣江，2014）。即便随着市场规模的增大，全球离岸服务外包的发展速度有放缓趋势，预计到2020年全球离岸服务外包市场的规模也将接近1.8万亿美元，参与离岸服务外包对于国家经济发展和企业竞争力提升都有着重要意义。

（二）创新和知识密集型服务外包崛起

有统计显示，2015年美国离岸服务外包中有70%是技术密集型产业。从离岸服务外包业务的内容复杂程度来看，新一轮的外包已经不再是标准化的呼叫中心、数据录入、文件管理等简单业务，而是以 IT 解决方案、工程设计、新产品开发等为主的知识密集、定制化的复杂业务；从外包服务的价值链环节来看，发包方从原来只发包低价值产出的周边业务（如信息系统维护、软件测试），逐步发展到高价值服务（管理咨询、R&D、法律税务等）。从交易的复杂度、所需知识技能的程度以及创新要求的高度，离岸服务外包正逐渐从信息技术外包（Information Technology Offshoring，ITO）、业务流程外包（Business Process Offshoring，BPO）扩展到知识流程外包（Knowledge Process Offshoring，KPO）。这一特点要求外包合作双方更密切合作以应对复杂性和创新需求。

（三）离岸外包接包市场竞争激烈

来自权威机构 IDC 的统计数据表明，截止到 2014 年年底，全球服务外包市场总体规模已接近 1.4 万亿美元。面对这一巨大的市场机遇，越来越多的发展中国家开始采取积极措施，努力提升自身的市场地位。杜克大学 ORN 研究机构在其调查报告中也指出，中国、拉丁美洲、东欧、东南亚等离岸服务外包接包地的崛起逐步开始挑战印度的领袖地位，全球接包市场呈现出多元化格局。据 A. T. Kearney 在 2012 年年初的统计，在世界离岸服务外包业务排行中，印度、中国、马来西亚、埃及、印度尼西亚分别是排在前五位的国家。其中，印度一直处于遥遥领先的地位。2012 年，全球离岸服务外包市场规模达到 1217.2 亿美元，印度就以 690 亿美元的总收入占据 60%的份额，而中国仅仅执行了 336.4 亿美元的合同金额，占据 27%的比例。在笔者对上海市张江园区离岸服务外包企业调研的过程中，中国接包企业就反映：印度作为竞争对手在获取和完成外包订单上的优势是中国企业发展面临的最大挑战之一。

二、中国接包方参与离岸服务外包的机遇和问题

改革开放 40 多年来，我国经济的快速增长依靠的是低廉劳动力、自然资源投入、国内外投资推动基础设施建设等方式，然而这种粗放的经济增长形式已经不能适应现今的经济发展需求。离岸服务外包产业具备如下新经济产业发展的特点：资源消耗低、环境污染小、附加值大、信息技术承载度高、国际化水平高、吸纳就业能力强等。因而它成为政府和企业积极参与接包市场的极佳选择。通过服务外包方式的单位能耗仅相当于工业的 20%左右，是实现绿色 GDP 增长的主要途径之一。此外，服务外包对于我国经济转型升级发挥着重要作用。李克强总理在 2014 年 11 月 26 日的国务院常务会议上就指出，要下大力升级我国的服务外包产业，不仅要在全球产业链上给别人“出力”，更要“出智慧”，而这也会直接带动“大众创业”“万

众创新”的格局形成。

从政策层面看，2009 年以来，面对全球金融危机引发的严峻形势，中央政府又出台了一系列支持离岸服务外包接包产业发展的政策文件，中央和地方各级政府通力合作，为离岸服务外包产业的健康、快速发展注入了强大的推动力。围绕着国家软件产业基地、国家软件出口基地和服务外包基地城市（截至目前一共 21 个）及这些基地的软硬件基础设施建设（如厂房、通信、道路），中央和地方各级政府调用了大量的人力、物力、财力，在极短时间内完善了各外包接包基地的运营功能，从而为我国发展中高端离岸服务外包的接包产业提供了优良的发展载体。近年来，我国政府加快推动经济转型，调整产业结构，从以前看重“量”到现在看重“质”。2011 年的“十二五”规划中明确提出，要“提高服务业国际化水平，大力发展服务外包”。随着我国投资环境的持续改善以及对外开放水平的提高，中国正迅速成为欧美、日韩等主要发包方市场青睐的重要接包地。从技术层面来看，我国离岸外包服务企业规模逐步扩大，交付能力持续完善，研发能力不断增强，并使得发包方的满意度不断提高。截至目前，我国已经拥有一大批像浙大网新、东软集团、中软国际等具有国际一流竞争力的优秀离岸外包接包公司，它们带领整个中国外包接包产业在国际上占据着举足轻重的地位。当前，全球各种新的商业模式和技术不断涌现，比如智能机器、3D 打印、移动互联网、物联网、大数据、云计算等的出现与发展，使整个服务业和信息产业发生着翻天覆地的变化，也进一步拓展了我国高端离岸服务外包产业的发展空间。

尽管有以上宏观层面的政策和技术支持，我国企业参与的离岸服务外包合作绩效却总是无法令人满意，其问题要更多地追溯到微观层面的发包方与接包方互动上。与全球主要竞争对手印度相比，我国离岸服务外包接包团队在领会发包意图、按时交付、关系管理以及社会资本构建等方面还存在不小差距。同时，许多接包团队缺乏跨文化沟通能力、跨组织学习能力和契约精神，不能遵照事先的进度、模块要求推进工作，从而导致大量服务外包合作都饱受发包方的诟病，不仅成本和时间方面失控，很多甚至被合作方直接解约（杨波和殷国鹏，2010）。近年来，诸多文献都关注了我国接包方与境外发包方在相互配合和互动方面的问题，结合作者在西安软件园、大连软件园以及苏州工业园区的调研，这些实践问题可大致分为如下三类：①发包、接包双方在目标认知和理解上的不一致（郑淞月等，2015）；②发包、接包双方在具体合作行为上的整合度不够或协调性不够（王亚娟，2015；王良等，2013）；③发包、接包双方在情感上的投入不够，相互间信任度不足（Clampit et al.，2015）。因此，探讨我国离岸服务外包接包企业如何与发包方深入互动，以及如何在松散的发包方—接包方二元合作（如组织间文化差异、契约治理、业务模块化）背景下合理安排这些互动要素对于离岸服务外包绩效提升有着重要的现实意义。

三、组织间社会资本是影响离岸服务外包绩效的重要因素

作为离岸服务外包合作的核心，绩效是外包合作成功与否的基本衡量指标，也是双边企业关注的焦点。但在实践中，离岸服务外包绩效常常无法令人满意。Aron和Singh（2005）就通过研究发现：50%的离岸服务外包合作没有达到绩效预期。有报告指出，超过75%的离岸服务外包接包商认为发包商并未做好外包的准备，缺乏成熟的战略和实施计划，而这些在一开始就造成极大的失败风险。离岸外包合作是一种特殊的组织间合作关系，它不仅包含平常组织间合作固有的一些关系难题（双方目标难协调、互动不紧密、契约不完备性、不信任等），还有跨国商务合作问题（如文化差异性）、离岸服务外包特有安排（如业务模块化），这无形当中增加了绩效的提升难度。Doz和Hamel（1998）就指出，如何想办法提升外包合作绩效比决策该关系更重要，特别是这种离岸外包关系，各种新问题、新挑战都是在具体管理的过程中出现的。

Aundhe和Mathew（2009）就指出，除去宏观政策层面以及微观项目层面的问题，影响离岸服务外包绩效提升的第三个关键难点就是合作双方的关系管理、互动管理，更进一步表现为外包双方未能有效构建多维度的组织间社会资本（如目标一致性、密切信息共享和相互信任）并合理使用它们。如果不能有效构建这些社会资本，合作双方就无法深入互动以创造价值；如果不能合理使用这些社会资本，合作双方就很可能由于错误投入精力而使成本失控，进而导致合作失败。Gartner公司在澳大利亚的一个调查结果显示，只有31%的离岸服务外包合作绩效令人满意，其中两个主要原因就是“互动整合失败”和“成本超出预期”。具体的案例研究也显示：一方面，离岸企业间社会资本（如目标一致、密切信息共享和相互信任）构建能力的缺失往往会增加组织间合作失败的风险，从根本上损害双方应对知识密集、复杂的项目的能力，对伙伴关系、各自竞争力都产生不良影响；另一方面，外包的组织形式本身就具有通过市场化（Market）合作从而降低阶层（Hierarchy）交易成本的特性，过度强调社会资本的建立、过度整合及互动将会使得项目成本激增，外包失败的概率也大大提升。

社会资本一直是管理学研究中的一个重要问题，探讨如何使从事具有相互依赖性活动的主体通过建立共同认知和紧密行为连接实现共同目标（Roden & Lawson，2014）。当合作主体间无法构建兼容一致的合作目标、紧密的互动机制和互惠的合作关系时，会产生合作效率低下、合作冲突及投机行为过多、相互沟通成本过高等问题，从而直接损害外包合作绩效，甚至直接导致合作失败（Rai et al.，2009）。离岸

服务外包合作的固有特点以及最新趋势增加了企业间合作价值创造过程中的不确定性，也促使发包方—接包方社会资本成为双方合作绩效提升的关键因素。反过来，接包方以模块化方式完成接包任务、接包方相互间文化差异水平高、双方对经济契约的依赖程度高等问题，共同为组织间社会资本管理的研究提供了独特而全新的情境。

第二节　研究的理论背景

一、社会资本理论

社会资本理论（Social capital theory）对于理解和探究组织间连接及合作是一个重要的视角（Adler & Kwon，2002），其核心研究内容即社会资本。社会学家布迪尔（Bourdieu，1986）最早针对人群的社会活动提出了社会资本（Social capital）的概念。此后，社会资本的概念内涵和应用范围不断丰富，不仅仅限于个人层面，而且还延伸至团队、组织、行业乃至国家等诸多层面的相关问题研究中。本书则立足于组织间（企业间）层面，探讨社会资本理论的发展和启示。

社会资本理论的不断发展是建立在人们对社会资本的内涵认知基础上的。Nahapiet 和 Ghoshal（1998）就将社会资本定义为：嵌入在关系网络中实际及潜在资源的总和。社会资本理论一开始将社会资本看作是单维度的变量，即关注其结构属性（双方互动连接的形态）（Burt，1992；Coleman，1988）。之后，诸多学者如 Granovetter（1985）、Granovetter（1992）区分出来两维度的社会资本：结构社会资本（互动连接的形态）和关系社会资本（互动连接的质量）。Nahapiet 和 Ghoshal（1998）最终开发了三维度的社会资本，即在结构和关系的基础上引入了认知社会资本（双方共通的理解、看法）。这样，完善而立体的社会资本理论就为讨论企业通过其社会网络所获得的优势及利益提供了坚实且透彻的理论基础。

大量文献探讨了社会资本为合作关系带来的好处。例如，个体层面的相关研究就指出社会资本可以带来个人薪酬提升（Burt，1997）、董事会的职位（Lester et al.，2008）、企业家精神（Baron & Markman，2003）以及知识创造（McFadyen & Cannella，2004）。组织层面的社会资本研究则指出其如下优势：创造力（Perry-Smith & Shalley，2003）、创新精神（Shane & Stuart，2002）、IPO 失败的避免（Fischer & Pollock，2004）以及获得融资（Gopalakrishnan et al.，2008）。除去在个体层面的研究，学者们还分别在团队层面（Tsai，2000）和组织间层面（Stam & Elfring，2008）对社会资本的内涵及作用机理进行了系统分析。

总的来看，社会资本理论自身的发展说明：①社会资本是一个拥有多个子维度的概念，常常可以包括结构、关系和认知三个维度（Carey et al.，2011）。结构社会资本是指一对一合作关系的结构安排或整个关系网络的形态（Configuration）以及关系成员在此合作结构中占据的位置。关系社会资本是指合作成员间关系的质量，如互信程度、互惠程度。认知社会资本则是指合作伙伴相互间一致的表达、目标解读和意义系统，如交流方式、沟通习惯等方面的相似程度。三种子维度分别从不同角度（How、How good 以及 How consistent）上区分了成员间构建的关系形态以及未来的不同获益点。②社会资本的概念已经从最初的人与人之间扩展到团队间层面以及组织间层面（例如：战略联盟、供应链上下游伙伴间、跨国公司母—子公司之间等）。现有的社会资本研究可以大体用如下框架进行描述（如图 1-1 所示）。

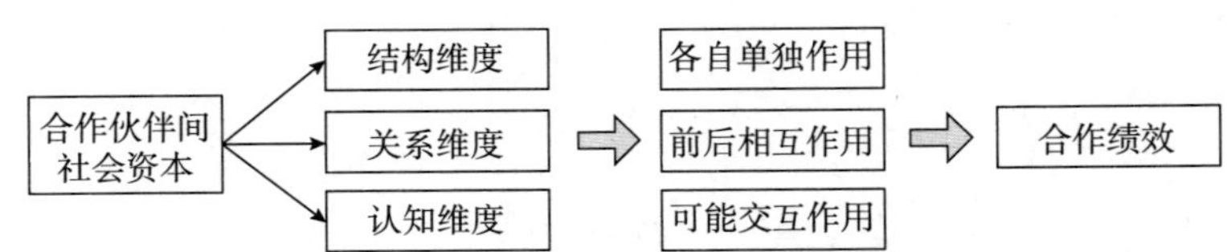

图 1-1　合作伙伴间社会资本对合作绩效的影响

二、松耦合理论

耦合（Coupling）的概念来源于通信、软件及机械工程领域，原本是指两个或多个电路元件或电网络的输入（Input）与输出（Output）之间存在着紧密配合与相互影响。在管理学领域，耦合可以用来描述两个或两个以上的实体（Entity）相互间依赖对方的强烈程度（Orton & Weick，1990）。

松耦合（Loose coupling）则是指两个或两个以上的实体相对较为松散地依赖对方。Glassman（1973）最早指出，当实体之间几乎不存在共同变量，或存在的共同变量很弱时，就会出现松散耦合。Weick（1976）则指出，松散耦合是指各要素相互响应，同时保持各自的独立性和特征。松散连接在不同的层面出现，包括个体、次单元、组织、阶层、组织与环境以及活动。这一视角结合了紧密（Tightness）和松散（Looseness）两个相互矛盾的概念。

松耦合理论的自身发展说明：①紧密耦合和松散耦合可以是连续变量的两端，元素之间的耦合关系是更紧密或是更松散，相关的研究包括：Luo（2008）和 Liu 等（2012）；②紧密耦合和松散耦合可以是正交变量，元素之间的耦合关系可以既有紧密又保留松散，相关的研究包括：Luo 等（2011）；③松散性的表现包括三个内容：模块化、自主裁量和差异性；④紧密性要求合作各方做出如下努力：整合型互动、关系（非正式）治理和保持一致性（Orton & Weick，1990）；⑤紧密—松散概念除了

适用于各个不同层面的研究，还适用于不同的研究框架，如互动方面的整合与分散、治理方面的非正式与正式、认知方面的一致与差异等。

总的来看，松耦合理论被引入管理学研究中更多的是在组织层面，在组织间层面的应用和探讨还较少，研究内容亟待丰富和细化。

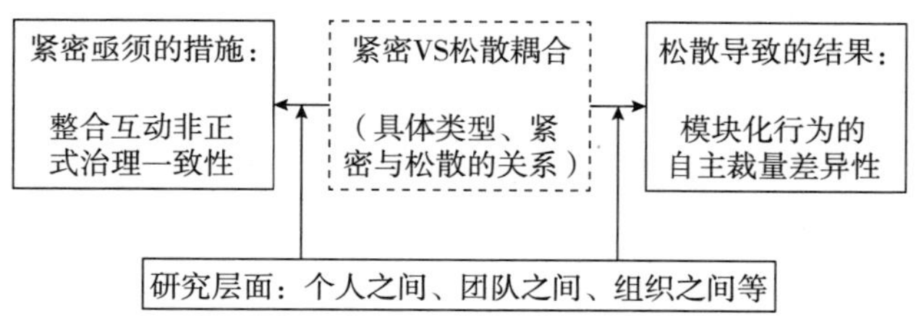

图 1-2 松耦合的研究框架

注：本书对该框架的应用见图 2-8。

三、外包绩效提升的相关研究

社会资本理论和松耦合理论对于离岸服务外包的绩效提升有着重要的指导意义：一方面，任务复杂性、知识密集性、环境波动性等因素共同提升了发包方—接包方建立紧密耦合关系的必要性，双方需要通过构建社会资本这样的紧密耦合机制来应对挑战和促进合作价值创造水平；另一方面，业务模块化安排、相互间固有的敌对性和差异性又带来了发包方—接包方不可避免的松散耦合状态，这些松散因素会给社会资本的建立带来困难，也会干扰社会资本对合作绩效的作用机理（比如，松散安排下紧密互动对提升绩效重要性的下降）。换句话讲，紧密因素强调通过整合、互惠和一致互动而共同创造价值和提升合作绩效，而松散因素则带来诸多成本控制的必要，强调通过辨别这些交易困境和合理使用紧密机制以节约成本，从而帮助提升外包合作绩效。

由于社会资本理论关注伙伴间的合作行为、合作质量等问题，外包合作情境下的社会资本相近研究包括：Lee 和 Kim（1999）、Lee（2001）、Han 等（2008）、Lahiri 和 Kedia（2009）、Lahiri 等（2011）通过社会交换理论、权利政治理论等视角，对伙伴间关系质量与外包绩效关系的研究；Lee 等（2008）通过社会交换理论探讨了伙伴间相互信任、不信任对外包绩效的影响机理；Handley 和 Benton（2009）、Handley（2012）通过关系观对外包伙伴间关系管理对外包绩效影响机理的研究；Rai 等（2009）采用社会嵌入理论指出，发包方参与、双方信息沟通、发包方对伙伴信任均正向促进服务外包合作绩效；Srivastava 和 Teo（2012）、Rai 等（2012）在外包合作情境下采用关系观分析了非正式治理的作用机理。

外包合作情境下紧密—松散相关的研究包括：Tiwana（2008b）在IT外包组织间合作情境下，探讨了模块化对组织间控制的不完全替代作用，指出前者的松散安排对于后者的紧密合作并不总是替代，还有补充的作用；Rai等（2012）则在业务流程外包合作背景下，探讨了组织间的非正式治理对契约治理和外包成功直接关系的负向调节作用，即松散经济安排对紧密社会互动的替代；Srikanth和Puranam（2011）则指出组织间业务模块化可以缓解发包方企业的主营业务与已发包业务间相互依赖对外包绩效的负向作用。

四、现有理论研究的局限性

（一）缺乏离岸服务外包情境下社会资本对合作绩效作用机理的系统研究

现有组织间社会资本与合作绩效关系的研究总是局限在渠道关系、合资企业等情境下，而离岸服务外包情境下的社会资本研究却比较匮乏，更多的是基于其他社会理论（如社会交换理论）对社会资本因素的割裂、单独研究。通过文献回顾，仅发现在Scott和Ghosh（2007）的一篇会议文章中，他们各自探讨了社会资本在离岸服务外包中的作用机理，遗憾的是，该研究只将社会资本看作是一个单维度构件，探讨了社会资本与其他外包活动的关系。最新有Ravindran等（2015）发表的一篇相关研究，然而其研究情景是普通IT外包而非离岸服务外包，且并未探讨社会资本各维度之间的关系。对组织间社会资本二维度、三维度的细化研究多见于供应链Buyer-supplier的二元关系中（Zhang & Wu，2013；Roden & Lawson，2014；Lawson et al.，2008；Carey et al.，2011；Villena et al.，2011），离岸服务外包的发包方—接包方二元关系亟待引入这样的细化研究，探讨不同维度社会资本之间的关系，以及它们对合作绩效的具体作用机理。

（二）缺乏对组织间社会资本概念的深入研究

组织间社会资本经典的三维度分为：结构社会资本、关系社会资本和认知社会资本。但现有的研究存在如下问题：①往往将这三个维度分别用一个构件代替，如结构维度用密切的连接互动或信息共享代替，关系维度用信任相关的问题代替，认知维度用目标一致代替；②这些资本相互间的关系观点不一，有的用关系作为中介（Carey et al.，2011），有的用认知和关系作为中介（Simsek et al.，2003），有的则完全不管三者之间的相互作用（Lawson et al.，2008；Villena et al.，2011）。针对这两个问题，必要的做法就是：一方面，深化对三个维度社会资本各自概念的讨论（如探讨各自潜在的子维度，或重要的、形影不离的干扰因素）；另一方面，理顺三维度的前后关系，深化它们对合作绩效的共同作用机理。此外，本书基于已有文献，用结构和关系社会资本的概念来涵盖三个概念：信息共享、问题协调和相互信任，其中信息共享和问题协调属于结构社会资本，相互信任代表关系社会资本。

（三）缺乏组织间社会资本研究与其他理论视角的整合性研究

学术界从社会资本被引入到组织间层面伊始就对这一问题给予了极大关注，并基于不同类型的组织间关系对其进行了深入研究。然而，一个重要的问题在于：研究视角仅仅局限于社会资本理论本身，所作的延伸也只是限于探讨组织间社会资本的前因、结果以及社会资本作为调节因素的作用机理。

这样，单一的社会资本视角很容易招致和资源基础理论一样的批评，即没有考虑构建这些资本过程中的固有困难和成本（Wu & Leung，2005）。事实上，组织间合作并不是如社会资本理论所说的那样一直向着更紧密、更融洽、更一致的方向发展，而是永远有松散、敌对以及差异的存在。鉴于离岸外包合作不低的失败率，有必要发展一个恰当的理论框架来解释这一复杂的现象。已有学者呼吁采用交叉理论甚至交叉学科的方法，以更全面地理解与组织间关系有关的很多问题（Parkhe，1993），也就是说，我们应该根据研究目的和需要对某些已有的理论进行整合，而不是试图使用单一理论视角去理解复杂的组织间关系。然而，截至目前，关于组织间社会资本这一问题的多理论视角的整合研究还很少，这给未来研究提供了机会。

（四）缺乏将松耦合理论拓展到组织间合作层面的研究

松耦合理论（Loose coupling theory）是近些年才逐步发展起来的组织理论视角，且相对于交易成本理论、社会资本理论等大理论，松耦合理论是一个相对单薄且较少被应用于实证当中的理论。Weick（1976）最早提出了松耦合的概念，并修正了Glassman（1973）的论述，将松耦合定义为各要素相互响应，同时保持各自的独立性和特征。直到Luo（2008）、Liu等（2012）等研究的出现，松耦合理论才被引入组织间层面的实证研究中，并使得人们对于组织间合作关系（如Buyer-supplier关系、合资企业）有了更进一步的认识。

然而，现有研究还不够深入：Luo（2008）只是把紧密—松散看成是一个维度的两端，强调找到中间平衡状态的重要性；Luo等（2011）则用松耦合理论阐释了正式治理（契约及结构规范化）和非正式治理（关系规范及人际社交）同时存在的普遍现象，但未深入探讨二者如何共存；Liu等（2012）则只是关注了紧密耦合机制的建立，而没有深入探讨松散因素的存在及作用机理。总的来看，此类研究还处于初步探讨阶段，对于组织间合作关系紧密—松散属性的具体内涵、作用机理以及相互关系的研究都不充分。

结合 Orton 和 Weick（1990）的理论框架，松耦合导致的三个结果：模块化、自主裁量（引发正式治理的必要）和差异性，这与社会资本理论强调的整合性、社会性（非正式性）和一致性是相矛盾的。前者是松散因素，后者则是紧密因素，前者如何影响后者在提升外包合作绩效中的作用机理值得探讨。综上，本书跨越如下三个方面的研究（见图 1-3），且研究情景特定在离岸服务外包的组织间合作关系。

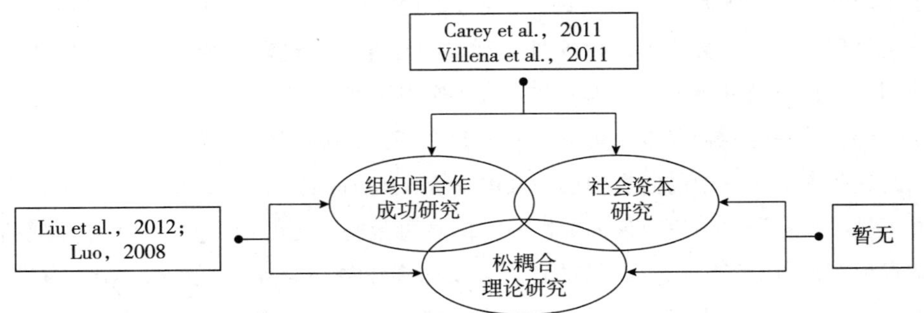

图 1-3　本书在已有研究中的总体位置（三个模块交汇处）

第三节　研究问题及研究框架

一、研究问题

本书的核心研究问题是：松耦合视角下组织间社会资本各个子维度与对应松散因素是如何相互作用并最终影响外包合作绩效的？具体来看，本书将集中探讨如下四个研究问题：

（一）业务模块化对结构和关系社会资本与绩效直接关系的调节

对于组织间互动，是更紧密整合，还是更自主分散？这是学术界激烈讨论和产生巨大分歧的一个问题，支持这两方观点的研究文献不胜枚举，然而近年人们逐渐关注这两者的共存问题。本书基于松耦合理论以及模块化的相关研究，深入探讨组织间整合互动（即结构和关系社会资本）与分散安排（即业务模块化）的共存问题。在具体的分析中，我们将看到，组织间业务模块化作为一种看上去与结构和关系社会资本矛盾的合作安排，实际上对结构和关系社会资本（包括信息共享、问题协调和相互信任）与合作绩效的直接正向关系既有增强作用又有减弱作用，这对社会资本理论、松耦合理论和模块化理论的相关研究都是重要补充。

（二）契约完备性对结构和关系社会资本与绩效直接关系的调节

对于组织间控制，是使用非正式治理（结构和关系社会资本）还是建立正式的契约治理，在学术界出现了两种观点，并且各自都有大量研究，然而，近年人们逐渐关注结构和关系社会资本与契约治理的共存问题。本书基于社会资本理论和松耦合理论，深入探讨组织间正式治理（契约完备性）与非正式治理（结构和关系社会资本）的共存问题，这对于社会资本管理非常重要。在具体的分析中，我们将看到，契约完备性与结构和关系社会资本（包括信息共享、问题协调和相互信任）并不是非此即彼，前者对后者与绩效的正向关系既有增强作用又有减弱作用，这对社会资本理论、松耦合理论还有契约理论的相关研究都是重要补充。

（三）文化差异性对目标一致性与结构和关系社会资本直接关系的调节

对于组织间结构和关系社会资本的构建而言，追逐一致和消除差异都非常重要。前者得到了关系观及社会资本理论的支持，后者则得到交易成本理论的支持（Lavie et al.，2012）。本书通过整合这些视角并结合松耦合理论，认为松散连接的组织必然会有多样、异质的文化基础，而紧密合作又要求建立一致的目标基础，故本书响应最新文献关注了组织间目标一致性与文化差异性的共存问题。在本书的详细讨论中，我们会看到：文化差异性对目标一致性与结构和关系社会资本直接关系的调节有正有负，这对社会资本理论、松耦合理论以及文化差异性的研究都是重要补充。

（四）结构和关系社会资本在前因和结果间的中介作用分析

如何理解外包组织间社会资本三个子维度相互间的关系，是本书要解决的最后一个问题。现有文献在不同组织间情境下研究了三个维度的相互关系，却很少在外包（特别是离岸服务外包）情境下分析这一问题。Carey 等（2011）曾将关系维度单独列为结构和认知维度到绩效之间的中介变量，但该研究是在渠道关系（Buyer-supplier）情境下进行的，而且三个维度各自只用一个变量进行衡量。鉴于现有研究对结构和关系资本谁是前因、谁是结果的讨论难以统一，本书认为二者共同描述具体的合作行为，会在合作认知（目标一致性和文化差异性）与合作绩效之间扮演中介的角色。此外，这也加深了我们对文化差异性对绩效作用机理的理解。

总的来看，本书的研究思路如下：从组织间关系管理和合作绩效提升的大研究框架出发，整合了社会资本理论和松耦合理论的相关研究，探讨了组织间社会资本所衍生的三对矛盾（结构和关系社会资本与业务模块化、结构和关系社会资本与契约完备性、认知社会资本与文化差异性）及其内涵以及它们对合作绩效的影响机理。本书的各个章节均围绕这个研究主题逐步展开。

二、本书的结构安排

本书综合采用理论分析和实证检验的方法对前面提出的研究框架进行探讨和检验，共分为七章，每个章节的内容如下：

第一章，介绍了本书研究的现实和理论背景，并提出撰写本书的紧迫性。先介绍了全球离岸服务外包的发展和现状，总结发展趋势，分析中国接包企业面临的问题。基于这些工作，有针对性地对现有相关研究进行简单回顾，从而引出本书的研究问题，并说明本书在理论研究中的重要性。

第二章，综述本书所用到的理论和文献，阐明本书的逻辑起点和立论依据。基于本书的研究目的和研究问题，对离岸服务外包合作的主要研究视角、社会资本理论和松耦合理论进行了总结梳理。外包合作方面，总结了价值创造视角（RBV 及关系/社会视角）、成本控制视角（TCE 和控制理论）两大类。社会资本理论方面，总结了从一开始个体层面的单一结构维度到现在组织间层面三维度（结构、关系和认知）的发展历程；松耦合视角方面，总结了松散和紧密的内涵及其基本的观点，为构建概念模型提供了有力的理论支撑；模块化、契约治理及文化差异性各自的概念、主要研究内容也都得到了回顾和评述。此外，在以上各个综述模块的结尾，本书都以表格的形式总结了该领域最经典和最新的相关文献。

第三章，在对以往组织间合作理论、社会资本理论、松耦合理论以及其他相关文献进行总结分析的基础上，构建了本书的概念模型。本书力图弄清楚如下的逻辑内涵：业务模块化对结构和关系社会资本与合作绩效直接关系的调节作用；契约完备性对结构和关系社会资本与合作绩效直接关系的调节作用；文化差异性对目标一致性与结构和关系社会资本直接关系的调节作用；结构和关系社会资本在前因（目标一致性和文化差异性）和结果之间扮演的中介作用。在严谨讨论分析的基础上提出反映构件之间关系的理论假设。

第四章，对调研过程中的数据样本收集、检验以及所用实证研究方法进行介绍。首先，本书对数据筛选标准、题项设计、发放、收回和整理过程进行全面回顾，并对回收得到的数据进行必要的统计检验以验证其合理性。然后，对各个构件的概念和具体测量题项（包括 Item 来源）进行逐一介绍，并检验所得到各个构件数据的信度、效度。最后，简要介绍了本书的实证研究方法的原理和具体操作过程。

第五章，运用阶层回归分析（Hierarchical Regression Analysis）的方法，对原始数据进行实证检验。首先，描述通过调研获取的数据，统计分析本书所涉及各个统

计变量（或构件）的基本特征。然后，进行构件之间的相关性分析，罗列并评价它们相互间的相关系数。最后，运用最优尺度回归分析，分析构件间的直接和间接关联关系，并解释实施过程。

第六章，对回归分析结果进行系统讨论，解释有关假说，并深入分析模型各个假设回归结果的理论意义。同时，对研究结果进行逐个讨论，结合管理实践分析这些研究结果的实践启示。

第七章，回顾本书主要研究结论，罗列出主要的创新点，并指出研究不足和未来可能的方向。

本书的结构如图 1-4 所示。

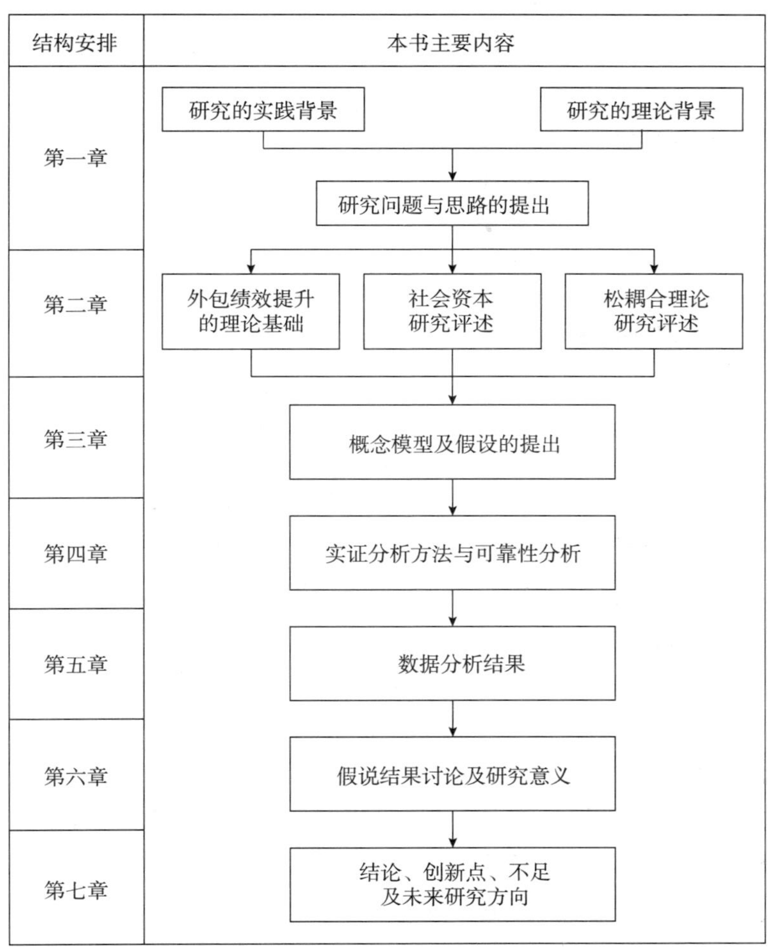

图 1-4　研究结构

第二章 相关理论与研究综述

基于上一章提出的研究思路和研究问题，本书将在本章对外包合作绩效提升的理论基础、社会资本理论、松耦合理论、模块化、契约治理、文化差异的相关研究进行系统回顾、整理和评价，为本书概念模型和假设提出奠定坚实基础。

第一节 外包合作绩效提升的理论基础

本节通过综述外包合作绩效提升的两大视角——价值创造视角和成本控制视角，指出本书在整个外包合作绩效提升文献中的位置及重要性（见本节小结部分），引出在离岸服务外包下研究社会资本的必要性，也为第三章假设提出部分奠定了坚实的理论基础。

一、价值创造视角

（一）资源基础理论

1. 组织层面

资源基础理论（RBV）已经成为管理学研究当中最具影响力和最被广泛应用的理论之一，它旨在从企业内部研究其持续竞争优势的来源（Barney，1991）。对于离岸服务外包这样的组织间合作关系，RBV 对于研究如何提升绩效有着重要启示。

与交易成本理论关注如何降低成本和风险不同，资源基础理论关注如何更好地创造价值以提升绩效；而又与 Michael Porter 的产业分析理论（“五力”模型）为代表的企业竞争优势外生论不同，资源基础理论将视角转向企业内部，认为以“资源”代替“产品”的思考角度来进行战略决策对企业更有意义。资源基础理论的观点最早正式被提出是以 Wernerfelt（1984）的研究论文——《企业的资源基础观》公开发表为标志。后续的发展尤其以 Barney 在 1991 年发表的《企业资源和持续竞争优势》为代表。

通过 Wernerfelt（1984）、Grant（1991）、Barney（1991）、Peteraf（1993）等学者的不懈探索，资源基础理论不断发展壮大并引起实践界的关注和成功应用，一步

步成长为主流的管理理论视角。资源基础理论的核心逻辑是：企业是一组资源和能力的集合，企业不同的资源集合形成了企业的不同特征，产生了不同的竞争优势。任何企业都有与其他企业不一样的专属资源（无形和有形资产、运营能力、管理能力等），这些资源决定了企业的效率和绩效。换句话，企业的根本竞争优势来源于这些资源，而非外部环境。因此，资源基础理论解释了一个经典问题：Why firms differ in performance（McIvor，2009）。为了衡量企业资源的优劣，学者们发展出了 VRIN 准则：V（Value，有价值性）、R（Rarity，稀缺性）、I（Imitability，难模仿性）、N（Non-substitutability，不可替代性）。

Barney（1991）提出可以将企业资源分为三大类：有形类资源（包括厂房、设备、原材料、有形技术、地理位置等）、人力类资源（包括经验、智力、关系、培训、判断力等）和组织类资源（包括正式和非正式的内部结构、惯例、流程，外部的合作关系等）。Grant（1991）则将企业资源分为六大类：物质资源、财富资源、技术资源、人力资源、声望资源和组织资源，其中前两种为有形资源，后四种为无形资源。

以上的两种代表性分类是横向的分类，纵向则可以从战略相关度的角度对现有资源或能力进行区分。这种探讨适用于企业边界的讨论（如外包）。

2. 组织间层面

资源基础理论对于探讨组织间合作的价值创造提供了极高的参考价值（Das & Teng，2000）。经典的一类研究是基于资源基础理论分析哪些项目或业务不应该被外包出去，其中特别指出的是那些战略性的、核心的资源（Tate et al.，2009；McIvor，2009）；另一类则是研究如何通过合作关系获得优质资源以创造竞争优势。

资源基础理论的主要观点如下：一家企业获得持续竞争优势的根本原因在于拥有或控制具有有价值、稀缺、难以被模仿和不可替代这些特性的资源或能力。传统资源基础理论关注企业内的资源，因为这些资源是企业真正完全拥有和控制的，可以直接用来攫取理查德租和熊彼特租（Lavie，2006）。然而，越来越多的学者指出企业可以通过合作伙伴的资源来创造竞争优势（Park et al.，2004）。可以用来获得外部资源的企业间合作关系包括：市场交易、战略联盟、收购、兼并、外包等。在服务外包合作关系下，发包方通过外包战略获得资源、能力在创造价值方面有着不一样的特点。第一，外包可以帮助企业从外部获取那些内部开发过于昂贵的资源（Barney，1991）。第二，新的外部资源可以与内部资源产生互补作用，从而创造更多价值（Dyer & Singh，1998）。第三，内部资源由于外部资源的加入而变得更强。例如，发包方企业通过获得接包方伙伴的知识，从而增强了内部学习能力，进而增进生产效率。图 2-1描述了组织/组织间合作绩效提升的资源基础理论分析框架。

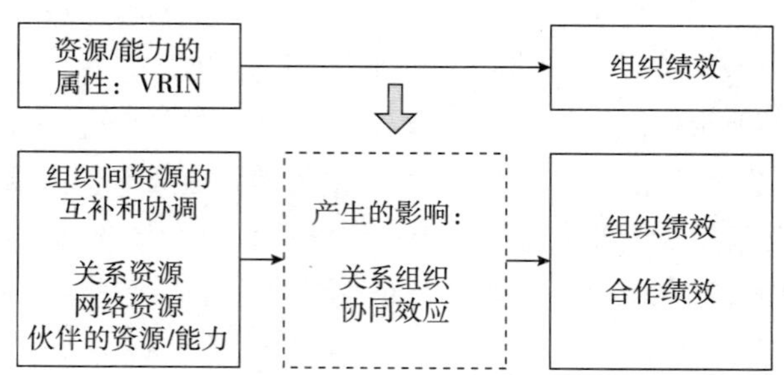

图 2-1 组织/组织间合作绩效提升的资源基础理论分析框架①

基于 RBV 对外包合作绩效提升影响因素的研究可以大致分为如下三类：发包方视角、接包方视角和双方合作视角。①发包方视角，研究发包方的能力如战略评价能力（Handley & Benton，2009）、管理接包方的能力（King & Torkzadeh，2008）、发包方外包经验（Gerbl et al.，2015）等；②接包方视角，研究接包方的能力如 IT 管理能力、契约管理能力、关系管理能力（Palvia et al.，2010）等；③双方合作视角，研究合作伙伴共同建立的能力、机制、关系质量（Lahiri & Kedia，2009）等。

（二）关系观/社会交换理论

组织间层面资源基础理论研究的双边视角，最终衍生出来关系观（Relational view）或社会观（Social view）（Yli-Renko et al.，2001；Ribbink & Grimm，2014）。这些观点又与社会交换理论（Social Exchange Theory，SET）或关系交换理论（Relationship Exchange Theory，RET）的理论内核保持一致（Lado et al.，2008）。

社会交换理论或关系交换理论的逻辑内涵其实与资源基础理论保持一致，区别主要在于前两者强调从企业之间的社会关系中获得资源优势。这里将以社会交换理论为例介绍这一类理论的基本思想。社会交换理论最早是由社会学家 Blau（1964）等学者提出并发展的。社会交换（Social exchange）的概念如下：合作双方刻意地与对方加强合作和投入精力，这种行为会影响到接下来的合作行为和合作意愿；另一种说法则是，关系一方对另一方的积极合作行为所给予的正向回应和奖励（Blau，1964）。

基于社会交换理论，一对交易关系不仅仅是简单的经济交换关系，还涉及很多社会价值方面的东西（Blau，1964）。一对关系中的社会价值是无法直接规划和衡量的，它需要合作各方积极自愿或者基于对长期合作关系的承诺而相互配合，最终达

① McIvor R. How the transaction cost and resource-based theories of the firm inform outsourcing evaluation [J]. Journal of Operations Management，2009（27）：45-63.

成互利互惠。值得注意的是，社会资本理论的研究内容与社会交换理论、关系观的内容是一致的，都是关注互动、互动质量等因素，本书将在本章第二节展开对社会资本理论的详细综述。

回顾组织间合作的社会/关系观的文献，交易中的关系/社会因素包括如下元素：沟通、承诺、信任、关系规范、冲突解决、相互依赖等。图 2-2 就反映了关系观/社会观下组织/组织间绩效提升的核心分析框架。

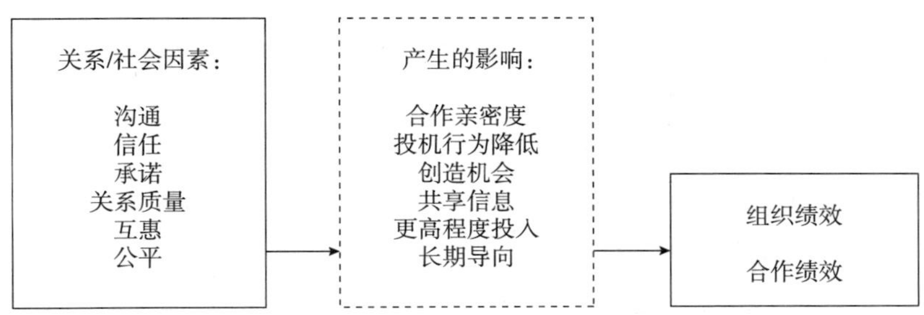

图 2-2 关系观/社会观下组织/组织间绩效提升的核心分析框架

二、成本控制视角

离岸服务外包首先是一个经济安排、成本节约的策略，从经济的视角出发对其绩效驱动因素进行的探究不胜枚举，其中最核心和最经典的视角当数交易成本理论。

（一）交易成本理论

1. 组织层面

由诺贝尔经济学奖得主 Ronald H. Coase（1937）提出并由另一位诺贝尔奖获得者 Oliver E. Williamson（1985）等人发展的交易成本经济学（Transaction Cost Economics, TCE）就作为一个经典理论可以解释“企业为何存在”这个问题。交易成本理论因此属于新制度经济学（New Institutional Economics）的范畴，它补充了新古典经济学仅仅将企业看作是一个生产单位而非治理（Governance）单位的缺陷。

Coase 在 1937 年的研究论文——“The nature of the firm”中第一次提出：企业和市场是两种交易成本不同的治理结构。交易成本包括直接成本（事前成本如设计和讨论合约，事后成本如监督和实施合约）和间接成本（没有选择更好治理结构的机会成本）（Rindfleisch & Heide，1997）。他还提出，在特定的不同情境下，在市场中进行一项经济交易的成本会超过在企业内进行该交易的成本，因而企业就有了存在的必要。尽管 Coase（1937）“发现”了交易成本，他却无法就交易成本的决定因素、性质以及如何度量进行深入研究，Williamson（1985；1996）则对此进行了极大完善，并指出了哪些交易更适合在企业内部完成而非市场上。Williamson的微观分析框架包含了两种对人的假设：有限理性（Bounded rationality）和投机主义（Opportunism）；其对交易关键三维度的辨别：资产专属性（Asset specificity）、不确定性（Uncertainty）和交易频率（Frequency）（Rindfleisch & Heide，1997）。

2. 组织间层面

交易成本理论不仅能用来解释企业的存在，也能用来指导组建企业间合作关系的必要性。众多学者（Williamson，1985）在组织间关系研究初期，就试图把交易成本理论扩展到对组织间合作关系这一“阶层”与“市场”的混合治理模式分析中。他们指出，多种多样的组织间合作关系都属于混合治理模式。

不同学者对于这样的混合治理模式有着不同的观点。有学者提出这种混合治理可以被简单地看成是阶层（Hierarchy）和市场（Market）两种治理模式的结合，而不必另提全新视角。但早期也有学者提出了异议，认为混合治理是一种全新的治理模式。总的来看，现今的大多数学者还是将组织间合作的混合治理模式视为一种独立的第三方治理方式，认为它集合了市场（看不见的手）和行政/阶层（看得见的手）两种治理模式的优势。早期的学者认为组织间合作治理不稳定，但后来实践中的快速发展让人们认识到这种中间治理的优越性（Williamson，1985）。Barney（1999）就曾指出，当组织内部阶层治理无法获取所需资源，非阶层也非市场的中间治理方式能够帮助解决这一问题，尽管有合作伙伴投机行为的威胁。企业间合作关系（如外包合作、合资企业等）被认为是介于阶层和市场之间的一种治理方式，其治理成本介于两者之间。然而采用交易成本理论来分析市场、阶层、组织间合作这三种方式哪一种的交易成本最低时，衡量依据包括四个：资产专属性、环境不确定性、行为不确定性和交易频率。

总的来看，从成本的角度，组织间合作（如外包合作）可以降低建立阶层组织所引起的高成本。从管控的角度，组织间合作可以提供比市场更高的管控和激励水平（Tsang，2000）。组织间合作治理的具体交易成本大致分为事前和事后两类（Gulati & Singh，1998）。事前交易成本包括：搜寻和选择恰当的合作伙伴、谈判以及签订契约等；事后交易成本则包括：监督合作伙伴、相互适应、沟通协调和退出成本等。基于对这些交易成本的系统了解，实践人员不仅可以选择合适的治理模式（偏阶层的组织间合作还是偏市场的组织间合作），还可以设计对应的控制机制来协调这些事前事后成本（Gulati & Singh，1998），从而提升合作绩效。

图2-3就反映了组织间合作绩效提升的交易成本理论分析框架。

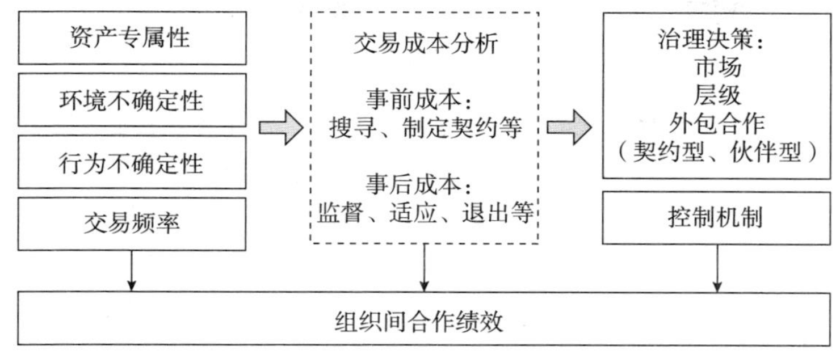

图 2-3　组织间合作绩效提升的交易成本理论分析框架

（二）控制理论

控制理论（Control theory）是在组织间合作中被广泛应用的一个理论，其核心内容在于预防和控制合作中的投机行为。通常来看，控制包含如下内容：对其中一方合作行为的评价、监督、衡量、引导、干预和协调等活动。组织间合作通过控制旨在实现如下意图：设置相关流程和机制来减少投机行为发生的可能性，保证各方利益不受损害以及合作顺利进行（Liu，2015；Tiwana & Keil，2007）。

作为学术界最常见的一种分类方式，组织间控制被分为两种：正式控制和非正式控制（Das & Teng，2001）。正式控制（Formal control）也常常等同于契约治理（Contractual governance），是指使用正式的律条（通常这些律条能够得到相关公共部门的约束和仲裁）、流程和规则去干预、评价和引导成员的活动和提升合作绩效。非正式控制（Informal control）也被称作非正式治理（Informal governance），这种控制手段主要是指使用合作各方的自主行为、相互配合这些“软”性手段来实现监督和引导。非正式控制（如社会规范、相互信任）的使用是建立在彼此充分了解和熟悉的基础上，并有充足的共通之处，故而更多出现在长期合作伙伴之间、知识基础相近的伙伴之间。该种控制方式的好处体现在如下两点：一方面，伙伴双方不需要制定契约和监督行为等这些手段，从而节约时间和精力到主要业务上；另一方面，双方会合作得更灵活、更有信心，更容易产生创新性成果。

进一步地，控制理论有如下一些拓展和深化：

（1）组织间契约有多个子维度。例如，Luo（2002）就认为一个完备的契约应从如下两个维度衡量：条款的专属程度（Term specificity）和权变适应性（Contingency adaptability）。具体来看，条款专属程度是指合作各方在合作过程中应得的收益和应尽的职责，合作所希望达成的目标和具体实施过程等都被详细罗列。权变适应性则是指契约包含了未来发生新情况、新问题时的契约调整策略和实施方法，从而在出现无法预期的状况时及时变更契约条款以保证合作顺利，并且不违反契约精神和损害成员利益。

（2）组织间契约的具体内容探讨。Reuer 和 Arino（2007）以及 Gong 等（2007）就指出，组织间契约主要包括如下几个方面的内容：股权或非股权合作、合作期限、合作的分工、内容、双方伙伴各自投入的资源内容、合作参与人员、期望的合作目标、契约调整法则、违约惩罚措施、行为约束机制、问题解决程序、关系解约机制等。这一类研究都为契约的实际操作提供了直接指导。

三、两种视角各自的局限性

（一）价值创造视角的局限性

自从学者们开始对资源基础理论（包括其延伸——关系/社会观）进行研究，学术界的批评声音就一直不断，诸多学者指出了这种价值创造视角所包含的一些固有缺陷。首先，资源基础理论和关系观都无法提供直接的管理启示。Kraaijenbrink 等（2010）就指出，资源基础理论的 VRIN 法则只是告诉管理者应该发展符合这四条法则的资源、能力，但并不能指导他们如何去实现这一目标。关系/社会观也存在类似的问题，即强调建立外部联系、提升关系质量的重要性，然而对如何实现这些，或者实现这些的成本有多高、代价有多大，则缺乏讨论。其次，企业或企业间建立持续竞争优势均是不十分现实的提法。对于前者，资源基础理论认为只要企业能建立其他组织无法效仿、复制的资源，该企业就可以建立持续的竞争优势。Kraaijenbrink 等（2010）就指出，持续竞争优势是不可能实现的目标。对于后者，建立伙伴型组织间关系的成本有时会过高，并不适用于所有合作关系的目标。再次，价值创造视角的理论会指导管理人员陷入无止境的更有价值的资源、关系搜寻。事实上，更优秀的组织内资源、组织间关系资源很可能是可望而不可即的。这种论调会导致在追求更优的道路上消耗大量精力、资源，而丧失最大化现有优势的机会。最后一点，资源基础理论和关系观都过分强调价值创造，而缺乏对经济类、成本节约类问题的关注。

（二）成本控制视角的局限性

与价值创造视角相似，成本控制视角（包括交易成本理论、控制理论）也存在其固有的一些问题和局限性。第一，成本控制视角的核心理念是找出交易成本根源，通过降低交易成本来达成绩效提升。这样，成本控制视角就主要强调采用经济手段规避风险，而忽略了主动的价值创造。第二，成本控制视角对于成员企业相互间的资源依赖忽略不提，故不能解释不同伙伴对合作绩效提升贡献能力的高低，更不能

解释成员企业相互知识转移、知识储存、知识整合、共同探索学习等合作行为。第三，成本控制视角过分重视对伙伴成员投机行为的防范和规避，强调了股权手段和契约手段的重要性，却忽视了社会手段如信任、关系规范等的重要性。尽管一些学者如 Williamson（1999）曾针对如上问题进行了解答，但组织间层面的交易成本观及控制视角在理论上依然需要继续完善和补充。因而，我们认为成本控制视角只能部分地解释合作绩效提升的前因变量。

以下，本书归纳了外包合作绩效的实证研究，如表 2-1 所示。由于外包合作是以项目方式展开，故这里也是有关外包项目绩效提升的实证研究。

表 2-1　不同视角下外包合作绩效提升的实证研究归纳

作者（年份）	理论视角	研究背景	主要结论
Lee 和 Kim（1999）	权利政治理论 社会交换理论	74 家来自韩国的信息系统外包关系样本	伙伴质量由五个变量构成，会受到权利政治观和社会交换观下的九个前导变量影响，伙伴质量直接提升外包绩效
Lee（2001）	知识基础理论 资源基础理论 社会交换理论	195 家韩国公共事业部门信息系统外包样本	显性知识转移比隐性知识转移对外包绩效的作用更强，组织能力会正向调节上述两条作用线，伙伴关系质量则中介这两条作用线
Lee 等（2004）	权变观 配置观	311 家韩国信息技术外包关系样本	配置观能更好地解释外包成功，如嵌入型（全面外包、不严格规定契约和长期关系组合）在技术催化上更有优势
Tiwana 和 Keil（2007）	控制理论 知识基础理论	59 家美国软件服务外包联盟的样本	在外包合作绩效提升上，外包项目的周边知识与结果控制互补，与过程控制互斥
Goo 等（2008）	交易成本理论 不完备契约理论	92 组信息技术外包关系样本	关系水平协议的三大子维度都正向影响 IT 外包绩效，承诺会正向调节上述关系
Han 等（2008）	资源基础理论 社会交换理论	267 个韩国信息技术外包关系样本	发包方的能力（IT 能力、组织关系和接包方管理）会通过影响合作行为和合作关系质量而最终作用于外包绩效
Lee 等（2008）	社会交换理论	163 个信息技术外包关系样本	初始的信任和不信任会通过影响相互信任水平，并通过知识共享影响外包绩效
Mao 等（2008）	交易成本理论 社会交换理论	110 位信息系统离岸外包项目经理	信息共享、沟通质量和组织间适应会影响信任进而提升绩效；目标设定和文化一致会影响契约进而提升绩效
Tiwana（2008a）	知识基础理论 模块化视角	209 家软件离岸服务外包联盟的样本	企业间业务模块化对外包绩效的提升作用在接包方对发包方知识不知道的情况下更明显

续表

作者（年份）	理论视角	研究背景	主要结论
Tiwana（2008b）	控制理论 模块化视角	120家软件服务外包联盟的样本	过程控制、结果控制、企业间模块化均正向影响外包绩效，模块化与过程而非结果控制负向交互影响外包绩效
Handley 和 Benton（2009）	资源基础理论 交易成本理论 关系观	198个业务流程外包关系样本	发包方的战略评价（能力评价和风险衡量）会通过具体的契约完备性、关系管理而间接影响外包绩效
Lahiri 和 Kedia（2009）	资源基础理论 社会交换理论	211个离岸业务流程外包关系样本	人力资本、组织资本、管理能力会通过伙伴质量的部分中介作用于外包绩效，伙伴质量也会在三种能力和绩效中间发挥调节作用
Rai 等（2009）	社会嵌入视角	155个离岸信息系统外包关系样本	发包方参与、双方信息沟通、发包方对伙伴信任均正向促进外包绩效；价值观和规范的不同会负向影响外包绩效
Tiwana 和 Keil（2009）	控制理论	136个软件外包关系样本	对外包绩效的影响：结果控制正向，行为控制不显著，自我控制负向，需求波动则会调节上述作用
Gopal 和 Koka（2010）	交易成本理论 代理理论	100个离岸软件开发外包项目样本	固定价格合约比时间材料合约对接包方质量促进作用更高，固价合同下质量与获益显著正相关
Gopal 和 Gosain（2010）	控制理论 知识基础理论 跨边界观	96个软件服务外包关系样本	正式、非正式控制均直接提升外包绩效，跨边界行为则对上述直接作用有正向调节
Mani 等（2010）	信息处理理论	127个业务流程外包关系样本	信息处理的需求和信息处理的能力匹配时，外包绩效最高，特别是在转型外包关系下
Palvia 等（2010）	资源基础理论	188个信息系统离岸外包接包方样本	接包方的三种能力（关系管理、契约管理、IT 能力）会通过过程质量的中介间接作用于外包绩效
Swar 等（2010）	社会交换理论 关系交换理论	93个韩国 IT 及 IS 外包关系样本	沟通能力、信息共享能力等会通过影响关系质量（信任、承诺）而提升外包绩效
Tiwana（2010）	控制理论	101家软件服务外包联盟的样本	氏族控制减弱了结果控制对绩效的正向作用，却加强了行为控制对绩效的正向作用
Westner 和 Strahringer（2010）	资源基础理论	304个信息系统离岸外包关系样本	发包方的经验、对接包方的信任会通过项目适应性、知识转移、连接质量影响外包绩效

续表

作者（年份）	理论视角	研究背景	主要结论
Lahiri 等（2011）	资源基础理论	105 个印度离岸业务流程外包关系样本	接包方人力资本、组织资本、伙伴质量正向影响外包绩效，管理能力在上述三条关系线中发挥调节作用
Srikanth 和 Puranam（2011）	关系观 模块化理论	126 个印度离岸业务流程外包关系样本	流程相互依赖会负向影响外包绩效，模块化、持续沟通和隐性协调机制均会改善上述问题
Gopal 和 Koka（2012）	交易成本理论 契约控制理论 关系观	105 个印度软件开发外包关系样本	交易困境和关系因素会影响关系柔性，关系柔性在时间材料合同下更能促进外包绩效
Handley（2012）	资源基础理论 关系观	198 个美国外包关系样本	发包方的战略评价会帮助降低其能力缺失问题，从而间接提升了外包绩效；能力缺失也会通过负向影响关系管理，进而间接影响外包绩效
Luo 等（2012）	信息处理理论 权变观	308 家中国和印度业务流程离岸外包的关系样本	任务不确定性和相互依赖性会提升合作双方流程整合程度，而整合程度对外包绩效是倒 U 型作用
Mani 等（2012）	交易成本理论 信息处理理论	134 家业务流程外包的关系样本	共同行动、关系关注和技术能力均在时间材料合同（而非固价合同）下更有助于外包绩效提升
Rai 等（2012）	控制理论	335 个德国业务流程外包项目的样本	关系治理（信息交换、信任和冲突解决）和契约治理（目标设定、活动期许、契约柔性）在提升 BPO（业务流程外包）满意方面的相互替代作用
Srivastava 和 Teo（2012）	控制理论 交易成本理论 关系观	160 个印度离岸信息系统外包关系样本	机械治理的使用补充契约对绩效的正向作用，却负面影响关系治理对绩效的正向作用
Handley 和 Benton（2013）	交易成本理论 控制理论	102 个美国发包方参与的外包关系样本	任务相关以及 Location 相关的复杂性（各三类）均会影响外包的协调和控制成本
Jayaraman 等（2013）	交易成本理论	205 个离岸业务流程外包关系样本	两类任务特性和两类发包方特性均会促进接包方三种控制机制的使用，进而影响外包绩效
Mathew 和 Chen（2013）	交易成本理论 控制理论	40 个美国离岸软件外包关系样本	两种投机行为（萎缩和挪用）均负向影响外包绩效，关系规范则帮助减弱这种负向作用

续表

作者（年份）	理论视角	研究背景	主要结论
Raman 等（2013）	资源基础理论	68 个离岸信息技术外包关系样本	全球智囊正向影响人才管理和伙伴质量，而上述三个构件均直接提升外包绩效
Narayanan 等（2015）	交易成本理论 权变观	177 家服务 & 制造外包的关系样本	信任会在合作与外包敏捷绩效之间扮演中介的作用，并且它与合作正向交互影响敏捷绩效，需求确定性和资产专属性也会调节合作到敏捷绩效

注：资源基础理论、知识基础理论、社会交换理论、关系观、权利政治理论、社会嵌入理论、跨边界观均属于价值创造视角；交易成本理论、控制理论、代理理论则属于成本控制视角。

四、小结

从对外包合作绩效提升理论研究的综述不难发现，大量学者采用了多重的视角和方法对离岸服务外包绩效提升的问题进行了分析探讨，且可以大致分为如下三类：①价值创造视角（包括资源基础理论、知识基础理论、社会交换理论、关系观、社会嵌入理论、跨边界观、权利政治理论）；②成本控制视角（包括交易成本理论、代理理论、控制理论、契约理论）；③其他（包括配置观、权变观、信息处理理论）则不属于本书讨论范围。①和②两种理论视角的根本区别在于：前者强调通过建立能力、紧密机制这些价值创造活动来提升合作绩效；后者则强调通过设计治理机制、约束行为和合理配置资源这些成本节约活动来提升合作绩效。

一方面，诸多单独使用价值创造视角的外包绩效提升研究的缺陷就在于，其强调建立紧密机制、高水平能力、提升关系质量的重要性，然而对如何实现这些，或者实现这些的成本有多高、代价有多大，则缺乏讨论。另一方面，单独使用成本控制视角的外包绩效提升研究的缺陷则在于，主要强调采用经济手段规避风险，而忽略了主动的价值创造过分重视对伙伴成员投机行为的防范和规避；强调了股权手段和契约手段的重要性，却忽视了社会手段如信任、紧密互动等的重要性。因此，综合使用两种研究视角分析离岸服务外包绩效提升变得非常重要。

此外，Luo 等（2013）指出，学者们对外包绩效提升的许多关键问题探讨还很匮乏，特别缺乏不同理论的碰撞所带来的全新启发，这促使我们从单一理论视角跳脱出来，跨理论、多视角地看问题。通过文献综述，一些研究虽然同时关注了价值创造和成本控制，但却缺乏对两种视角整合得出的全新结论，更多是并列使用（Mao et al.,2008；Handley & Benton，2009；Gopal & Koka，2012）。因此，如何通过一个综合视角整合价值创造和成本控制的研究亟待进一步努力。

第二节　社会资本理论的综述

一、总体回顾及内涵

“社会资本”（Social capital）这一术语最早由美国教育家 Hanifan（1920）研究城市共同体中心对发展民主的作用时提出。然而，现代学术界真正对社会资本的研究开始于 Jacobs（1961）和 Loury（1977）的工作。社会学家 Jacobs（1961）提出社会资本的概念来强调人际关系在城市社区中的核心地位。多种类型的连接（Ties）为建立信任、合作和集体行动提供了坚实基础，并且保证了城市社区的存续和有效运行。之后，经济学家 Loury（1977）使用社会资本的概念来批评新古典经济学派对种族收入不平等方面问题的论调。遗憾的是，这两位研究者都没有对社会资本这一概念深入分析。不过，一大批社会资本文献随后涌现，其中具有代表性的作品为：Bourdieu（1986）、Coleman（1988，1990）、Granovetter（1985，1992）、Putnam（1995）、Burt（1992，1997）和 Lin（1999）。

Bourdieu（1986）对社会资本的定义是：现实和潜在资源的组合，并且这些组合是基于强有力的网络位置，这样的网络位置是正式公认的，是长期反复论证和试验而形成的。这一概念论证了社会资本的源泉：网络位置或网络关系。Bourdieu（1986）还指出，由于社会资本只有通过关系才能获得，而关系是无法马上建立并使用的，能够加以利用的关系一定是被确立而且维持了很长时间的。此外，Bourdieu（1986）还通过将资本划分为经济资本、社会资本和文化资本三种类型，分析了它们之间的相互转化，深入探讨了社会资本在整个资本建立中的地位。

表 2-2 总结了已有文献基于不同研究层面对社会资本所作的不同定义。

表 2-2　社会资本的定义内涵

学者	社会资本定义和内涵的基本内容	研究层面
Bourdieu（1986）	现实和潜在资源的组合，且这些组合是基于强有力的网络位置，这样的网络位置是正式公认的，是长期反复论证和试验而形成的	人与人层面
Coleman（1990）	社会资本是由其功能决定的，它不是一个单独的实体，包含诸多不同实体，这些实体有如下两条共性：都包含社会结构的某一方面；都促进了参与者的某种行为	家庭层面
Burt（1992）	个体层面的社会关系，包括朋友、陌生人等，他们会给自己带来工作机会	人与人层面

续表

学者	社会资本定义和内涵的基本内容	研究层面
Nahapiet 和 Ghoshal (1998)	个人或社会团体组建的网络，嵌入在这种网络关系中或者直接可以使用的真实、潜在资源的总和	组织层面
Lin (1999)	通过构建社会结构和关系，服务于自身目的的可用资源	人与人层面
Adler 和 Kwon (2002)	是个体或团队中的声誉，这种声誉来源于这个成员社会关系的结构和内容，它的效果包括：信息、影响和团结	多个层面
Moran (2005)	通过构建社会关系而获取的有价值资源	组织间层面
Inkpen 和 Tsang (2005)	是一种资源集合，源自个体或组织参与的关系网络	多个层面
Krause 等 (2007)	源自通过社会关系进行资源获取的有价值资产	组织间层面
Gonzalez 等 (2014)	嵌入在由个人或社会团体所组成网络中的资源，包含网络本身和网络可提供的资产	人与人层面

Coleman（1990）则将资本分为三大类：物质资本、人力资本和社会资本，并深入讨论了社会资本与人力资本的关联性。Coleman（1990）认为，与物质资本相类似，社会资本也同样具有“生产性”。他指出，社会资本是由其功能决定的，它不是一个单独的实体，包含诸多不同实体，这些实体有如下两条共性：①都包含社会结构的某一方面；②都促进了参与者的某种行为。Burt（1992）的“结构洞”（Structural holes）研究为社会资本概念的深化做出了重要贡献。Burt（1992）基于弱连接和开放式网络来描述结构洞，指出其内涵是不重叠关系人之间的缺口。结构洞会帮助关联元素避免冗余，新信息和新资源会产生重大累加及协同效应。Putnam（1995）认为社会资本的三种表现形式是：信任、网络和规范。他强调了社会资本作为一种公共品的重要属性，也分析了信任对于社会资本的重要性。Lin（1999）提出从关系投资、结构基础和行动基础三个方面来认识社会资本的概念内涵。①从关系投资的角度，Lin（1999）认为社会资本对社会关系进行投资，并期望在未来获得回报；②从结构基础的角度，他提出社会资本是社会网络提供了参与者获取资源的源泉和机会，参与者进一步基于个体能力将这些资源机会转换为实际收益；③从行动基础的角度，他指出社会资本是参与者有目标的行动所产生的最终效果。

总的来看，社会资本的概念不仅被用于个人和团队的研究（Burt，1992），而且

还延伸至企业（Tsai & Ghoshal，1998；Rowley et al.，2000）、社区乃至国家（Putnam，1995；Inkpen & Tsang，2005）相关问题的研究中。在研究维度和概念丰富程度上，社会资本的主导范式经历了从单维度（结构）到双维度（结构和关系），再到三维度（结构、关系和认知）的发展过程。

图 2-4 对社会资本理论的演化过程进行了描述。

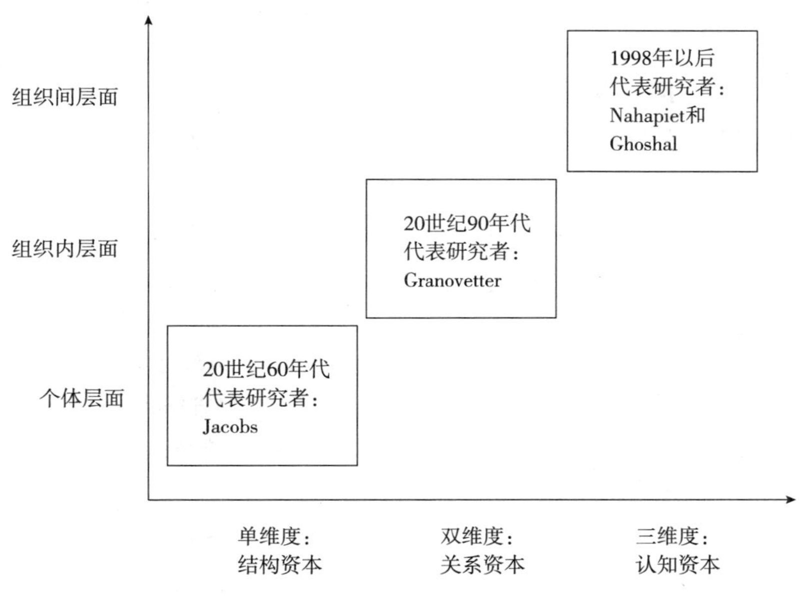

图 2-4 社会资本理论的演化过程

二、起源——结构社会资本

社会资本最开始的研究同时也是直到现在最核心的研究便是其结构维度，即结构社会资本（Structural social capital）。Burt（1992）第一次从网络结构的角度对社会资本进行了深入探讨，认为结构社会资本解决了你想“同谁连接”以及“如何连接”的问题。几乎同时，Granovetter（1992）区分了社会资本的结构维度和关系维度，不过 Granovetter（1992）对结构维度的理解是基于紧密（Closure）视角，Burt（1992）则是从跨越（Brokerage）视角或结构洞（Structural holes）视角。从概念内涵上看，结构社会资本是指个体（或参与者）在网络关系中的位置，即该个体在所参与网络（一对一关系或一对多关系）中的布局，比如其在网络中的中心性、在具体合作关系中的密切性、拥有网络关系的多样性等，这些属性的衡量都帮助我们分析这一个体或参与者所拥有社会关系的稳定性和开发潜力（Krause et al.，2007；Nahapiet & Ghoshal，1998）。故结构维度的社会资本关注一对一互动系统的社会属性以及整体关系网络的布局（Nahapiet & Ghoshal，1998）。这样参与个体之间的社会连接形态会对相互知识转移的质量和柔性产生直接影响（Inkpen & Tsang，2005），进而决定合作的效率和有效性（Villena et al.，2011）。

总体上看，结构社会资本包含如下四个方面的内容：自我网络规模（Ego network size）、结构洞、连接强度（Tie strength）和中心性（Centrality）。①自我网络规模是指一个参与者在其所处网络中的连接总数。该概念在有关社会资本的文献中得到了大量的关注。总的来看，自我网络规模越大，参与者获得的收益越高（Zheng，2010）。一个大的网络规模是指大量的与每个参与者打交道的人、团队和组织的数量。这些互动会给参与者带来如下两大收益：一方面，接触到大量的外部信息、知识和观点；另一方面，资源共享，比如知识转移、成本降低、互补效应和规模效应。②结构洞是指只有通过该节点才能获得与其他有价值参与者的独有关联（Burt，1992）。结构洞理论强调结构洞会使得参与者接触到新的团体、多样的经历和大量的观点，这些都会给参与者提供高质量的信息和机会，以及获得利用和使用全新信息流的机会。Burt（2004）就以一家大型电子信息公司中供应链经理为研究对象，发现这些经理人跨越结构洞时更愿意表达观点和参与讨论，并且能提供更多有价值的知识。诸多学者在各个层面和各个领域都探讨了结构洞的好处和缺陷，限于篇幅这里就不详细归纳。③连接强度是指一个关系接触中参与者在时间、感情、亲密度等互动指标上的加总，连接强度也常常用强连接（Strong ties）来代替。连接强度的核心内容是参与者与其伙伴的相近程度，互动行为的密集程度。连接强度可以发生在关系很熟悉的人之间，也可以发生在刚刚认识的，甚至跨越结构洞的参与者之间。连接强度会直接带动资源交换、整合甚至促进创新（Tsai & Ghoshal，1998）。对于连接强度的衡量，也有很多学者如Lawson等（2008）直接从信息共享的角度测量合作组织间的连接强度。④网络中心性是指一个参与者在网络当中的位置。在一个网络中获得中心的位置能够帮助监督信息的流向和由于拥有大量外部接触点而得到更多机会和资源（Zheng，2010）。网络中心性的参与者不仅在获取信息的总量、质量上而且在容易程度上都全面占优。占据网络中心后，参与者（人、团队或组织）拥有了更高的地位也更被边缘者觉得可信，这样参与者在获取直接和间接连接时就有了更短的路径。

总的来看，结构社会资本决定了一个网络参与者（可以是个人、团队，也可以是组织）跟谁连接以及怎样连接（Nahapiet & Ghoshal，1998；Burt，1992）。这些参与者内部和参与者之间的连接能确保不同参与者或实体通过结构社会资本进行知识、信息的整合和探索（Yli-Renko et al.，2001），也会在合作过程中催生新创意的发现和解决方案的改进。

三、发展——关系社会资本

关系社会资本指的是关系参与者相互间通过互动连接逐步发展形成的关系形态。Granovetter（1992）第一次系统区分了结构维度和关系维度的社会资本（Nahapiet & Ghoshal，1998；Tsai & Ghoshal，1998；Moran，2005）。关系社会资本最开始描述了人与人之间通过较长时间的互动和合作而建立的一些默契，包括网络成员之间的友谊、信任、尊敬、责任、期待等内容（Nahapiet & Ghoshal，1998）。这些衡量合作质量的元素可以分为如下两类：①信任、规范、责任和期待指合作参与者对未来继续在这个网络中的承诺；②相互认可则是把自己与另一个参与者或者整个团体视为一体。

总体而言，信任（Trust）和规范（Norms）是用来描述关系社会资本最常见的两个构件。现有文献对相互信任的主要定义有如下三个：①一方在解读另一方的动机和行为时总是倾向于假定为最好（Uzzi，1997）；②当合作另一方的行为无法被监督或控制时，一方仍然将自己置于易受损害的境地；③坚信另一方的最终行为所产生的结果是合适的。基于其表现形式和来源，信任还可以分为诸多维度。比如，Lewis 和 Weigert（1985）区分为基于认知的信任（来源于理性判断才信任）和基于情感的信任（基于感情关系才信任）。Rousseau 等（1998）则进一步分为三种类型：基于威胁的信任、基于算计的信任和基于关系的信任。Das 和 Teng（2001）则区分了善意信任和能力信任，前者是指期待社会关系中的其他参与者有道德职责和责任感来关怀自己，后者是指一方坚信其合作伙伴有足够的专业技能来完成合作。信任的结果变量有很多，包括：更低的交易成本、成功的谈判、冲突解决、开放式沟通、知识转移等（Zheng，2010）。

组织文化相关的文献较多讨论了规范这一问题。规范经常被视为组织文化的一部分，它会通过隐性的控制手段来帮助约束关系双方或多方成员的行为（Russell & Russell，1992）。早先有学者认为，规范是指“对于什么是合适态度和合适行为的期待”。Russell 和 Russell（1992）则强调规范是“行为的隐性规则”。Cialdini 等（1990）认为，规范是“大多数人做的事”。不论在个人层面、团队层面还是组织层面，规范都能帮助参与者预测其他参与者将会如何应对自身的态度和行为，并帮助自己基于这些期待调整行为。这样，参与者的很多行为将会变得可以引导和规划。然而，并非所有文献都采用规范这样的术语，类似的术语包括：团结（Solidarity）、团队聚合力（Group cohesion）。这两个概念都强调了成员关系的紧密性。

四、完善——认知社会资本

认知社会资本是指网络合作的双方或多方成员共通的表达（Representations）、解释（Interpretations）和理解体系（Systems of meaning），如说话、内部术语、编码等方面的一致性和互通性。基于这些共通的表达、解释和理解体系，网络成员可以相互传递信息和整合资源（Nahapiet & Ghoshal，1998）。该维度的社会资本直接源于人们的认知心理，关注人们如何处理信息。个体对于一个信息环境会有一个知识体系和心智模板，这样的体系和模板会帮助解读信息。这些个体的认知会有一个组织起来的知识结构、既定的概念、一种类型的激励或信息范围。知识结构会安排关注、促进编码和记忆存储，为推断问题和解决问题提供帮助。认知社会资本也即共享的认知，是指网络成员共同的知识基础，这个基础会保证接下来在合作层面的交流和行动。

认知社会资本在社会资本的三个维度研究中是最少的（Krause et al.，2007），Zheng（2010）通过综述发现，主要原因可能在于认知维度的部分含义会被关系社会资本覆盖，因此认知和关系维度同时出现的时候，前者的作用可能会被后者替代。Inkpen 和 Tsang（2005）就指出，认知社会资本包括两个部分：共同的目标（Shared goals）和共享的文化（Shared culture）。共同的目标是指网络成员对于合作任务及结果的共同理解和看法。由于网络成员的自利性，合作过程和结果并不会顺理成章地被各方成员接受。这种情况下，建立共同的、各方都认可的目标就很重要，这会使得不同成员对未来合作有一致的解释和理解，这样会规范他们各自的行为，避免出现诸多错误和冲突。诸多文献探讨了共同的目标或目标一致性带来的益处：更少的冲突、更少的投机行为（Carey et al.，2011）、更顺利的合作过程（Villena et al.，2011）、更高效的知识转移（Li et al.，2010a）。共享的文化是指网络合作者各方的文化相类似程度。相较于共同的目标，共享的文化是指各方固有的规范、价值体系和制度化行为方面的相似程度，是代表合作中习惯性行为的兼容性（Inkpen & Tsang，2005）。如果网络参与者能够在文化方面相似，他们就会对很多做法、行为有一致的理解和评判，合作过程也会更顺利，会对合作伙伴以及合作前景充满信心，也较少担心投机行为的发生。相反，如果双方在很多习惯、规范和行为模式上不一致，相互沟通就会变得很困难，对伙伴行为的不理解还会加重猜忌和不信任，使得知识转移的意愿下降，监督耗费的时间和精力会使得交易成本更高，合作的效率和有效性均会大打折扣。

以下，本书归纳了社会资本的经典研究以及最新研究，如表 2-3 所示。

表 2-3 社会资本的研究归纳

作者（年份）	研究维度	研究背景	研究方法	主要结论
Uzzi（1996）	结构维度 关系维度	人与人之间	基于23家纽约服装店的实证分析	企业通过参与到一个稳定、紧密网络中，构建起与其他参与者的相互信任，进而提升自己的生存可能性
Burt（1997）	结构维度	人与人之间	基于一家美国大公司高级经理的网络分析	参与者占有结构洞会帮助获得非冗余、多样性资源，进而为其获得全新的机遇和能力打下基础
Tsai 和 Ghoshal（1998）	结构维度 关系维度 认知维度	组织间层面	基于一家跨国电子公司的实证分析	结构维度、关系维度和认知维度的社会资本都会帮助促进资源整合和绩效提升
McEvily 和 Zaheer（1999）	结构维度	组织间层面	基于美国中西部227个生产商的实证检验	企业嵌入在一个大的网络中是企业能力提升的重要手段，特别是拥有较多桥接的公司会更容易获得新信息和机会
Uzzi（1999）	结构维度 关系维度	组织间层面	基于诸多中等规模银行的实证分析	通过建立紧密的网络连接，进而获得合作者的信任和重要信息，从而得到更多的信贷
Tsai（2000）	结构维度 关系维度	组织间层面	基于一家大型公司数据的实证分析	社会资本（结构中心性和信任）、战略相关性都单独及交互（正向）影响了新链接的获得速度
Rowley 等（2000）	结构维度	组织间层面	基于半导体和钢铁行业联盟数据的实证分析	强连接在高度紧密（松散）的联盟网络中负向（正向）影响企业绩效，外部环境不确定性越强，弱连接越能发挥正向作用
Yli-Renko 等（2001）	结构维度 关系维度	组织间层面	基于180家英国高科技新创企业数据的实证分析	企业外部社会资本的结构维度正向影响知识获取，关系维度负向影响知识获取，间接影响企业绩效
Koka 和 Prescott（2002）	结构维度	组织间层面	基于1980~1994年的钢铁行业时序数据的实证分析	社会资本会带来三种类型的信息收益：数量、多样性和丰富程度
Simsek 等（2003）	结构维度 关系维度 认知维度	组织间层面	理论分析	企业层面的外部社会资本会相互作用，并最终影响企业自身的两类开创性行为（工具型和突变型）
McFadyen 和 Cannella（2004）	结构维度	人与人之间	基于美国生物医药研究人员的实证分析	一个人保持的社会关系数量、社会关系强度均倒U型影响其知识创造

续表

作者（年份）	研究维度	研究背景	研究方法	主要结论
Rodan 和 Galunic (2004)	结构维度	人与人之间	基于一家欧洲通信公司106名中层经理人回归分析	弱连接的稀疏网络与同质网络之间的耦合使得知识发挥更大的价值
McEvily 和 Marcus (2005)	关系维度 结构维度	组织间层面	基于美国加工车间制造商的案例分析和实证分析	社会资本中的信息共享和信任会通过问题协调的中介作用而影响企业的能力获取
Moran (2005)	结构维度 关系维度	组织间层面	基于120位大型医药公司的产品和销售经理反馈的实证分析	高管的结构资本更能促进执行类任务的绩效，而高管的关系资本更能促进创造类任务的绩效
Inkpen 和 Tsang (2005)	结构维度 关系维度 认知维度	组织间层面	理论分析	不论在公司内部、联盟还是行业网络，三维度的社会资本均会对知识获取产生重要影响
Wu 和 Leung (2005)	结构维度 关系维度	组织间层面	基于177家中国中小企业的实证分析	管理特许可以通过影响组织间信任和网络连接而间接提升企业绩效
De Carolis 和 Saparito (2006)	结构维度 关系维度 认知维度	企业家个人层面	理论分析	个体的结构洞、信任、连接强度、共享目标会通过影响认知偏差而最终影响企业家行为
Cousins 和 Menguc (2006)	关系维度	供应链组织间层面	基于111家英国制造企业数据的实证分析	正式和非正式互动过程会促成关系资本的建立，进而提升关系绩效
Chiu 等 (2006)	结构维度 关系维度 认知维度	虚拟社区的人与人之间	基于台湾地区虚拟社区 Blueshop 的实证分析	三维度的社会资本都会促进人与人之间知识共享的质量和数量
Xiao 和 Tsui (2007)	结构维度	人与人层面	基于4个中国高科技公司的实证分析	中国这样的集体主义文化不利于结构洞优势的发挥，且组织中的类氏族、高承诺性会更损害结构洞对个人职业成长的帮助
Krause 等 (2007)	结构维度 关系维度 认知维度	供应链组织间层面	基于美国汽车和电子行业的300余对 Buyer - supplier 数据的实证分析	供应商—采购商之间的认知、结构、关系资本均对采购商绩效提升有帮助，特别是直接参与型结构资本更能促进绩效中的质量，信息共享型结构资本则更促进效率
Wu (2008)	结构维度 关系维度	组织间层面	基于108家中国香港制造类家族企业数据的实证分析	弱连接的稀疏网络与同质网络之间的耦合使得知识发挥更大的价值

续表

作者（年份）	研究维度	研究背景	研究方法	主要结论
Lawson 等（2008）	结构维度 关系维度	供应链组织间层面	基于111个英国制造业采购执行官反馈的实证分析	供应商整合及密切性会促成关系资本构建，进而提升采购商绩效；结构资本（管理沟通和技术交流）直接提升采购商绩效
De Clercq 等（2009）	结构维度 关系维度	组织内跨职能层面	基于232家加拿大企业数据的实证分析	两维度的团队间社会资本会通过调节任务和关系冲突对创新的关系而发挥作用
Carey 等（2011）	结构维度 关系维度 认知维度	供应链组织间层面	基于163对英国制造业 Buyer-supplier 数据的实证分析	结构资本和认知资本通过关系资本的中介作用于采购商绩效，契约安排调节后一段关系
Perez-Luno 等（2011）	结构维度 关系维度 认知维度	组织间层面	基于143家西班牙创新企业数据的实证分析	组织的外部社会资本会直接提升其突变创新，也会正向调节知识隐性、复杂性与创新之间的关系
Villena 等（2011）	结构维度 关系维度 认知维度	供应链组织间层面	基于132家西班牙制造业的 Buyer-supplier 数据实证分析	三个子维度的社会资本过量都会对绩效产生负向影响
Castro 和 Roldan（2013）	结构维度 关系维度	国际战略联盟组织间层面	基于225家西班牙公共工程企业数据的实证分析	结构资本通过关系资本和资源的中介作用，最终作用于国际市场份额
Kemper 等（2013）	结构维度 关系维度 认知维度	组织层面	基于280家德国企业数据的实证分析	公司高管的三维度社会资本会正向影响公司研发和营销能力（特别是技术波动大和竞争激烈时），进而影响公司绩效
De Clercq 等（2013）	关系维度 认知维度	组织内跨职能层面	基于78家加拿大企业的实证分析	团队间的关系和认知资本会通过影响知识共享而间接提升企业家导向
Kim（2014）	结构维度 关系维度	组织间层面	基于106对美国 Buyer-supplier 数据的实证分析	采购商通过更好地了解供应商的外部结构资本而提升其与该供应商的关系资本，进而提升合作绩效
Roden 和 Lawson（2014）	结构维度 关系维度 认知维度	供应链组织间层面	基于163对英国制造业 Buyer-supplier 数据的实证分析	当供应商和采购商的关系专项投资都很高时，认知资本对关系资本的促进作用最显著，结构资本对关系资本的促进作用也是如此

五、小结

基于对社会资本理论的文献回顾我们发现：社会资本理论作为最初的个人层面和团队层面的理论，现在已经得到组织间层面研究的广泛关注和应用，甚至成为供应链企业间关系研究的关注焦点，但也存在如下几点局限性：

第一，现有关于组织间社会资本对合作绩效影响的研究总是局限于渠道关系、合资企业等情境下，而离岸服务外包情境下的社会资本研究却比较匮乏，并且根据表 2-1 的整理，服务外包情境下相关研究更多的是基于其他社会理论（如社会交换理论、关系观）对社会资本因素（如信任、信息共享）的割裂、单独研究，没有将社会资本三个维度（结构、关系和认知）综合进行考虑。

第二，组织间社会资本经典的三维度分为：结构社会资本、关系社会资本和认知社会资本。但现有的研究存在两个问题：一方面，往往将这三个维度分别用一个构件代替，如结构维度用密切的连接互动或信息共享代替，关系维度用信任相关的问题代替，认知维度用目标一致代替；另一方面，对这些资本相互间的关系观点不一，有的用关系作为中介（Carey et al. ,2011），有的用认知和关系作为中介（Simsek et al. ,2003），有的则完全不管三者之间的相互作用（Lawson et al. , 2008；Villena et al. ,2011）。

第三，组织间社会资本的研究视角往往局限于社会资本理论本身，所作的延伸也只是限于探讨组织间社会资本的前因、结果以及社会资本作为调节因素的作用机理。这样，单一的社会资本视角很容易招致和资源基础理论（二者都是价值创造视角）一样的批评，即没有考虑构建这些资本过程中的固有困难和成本（Wu & Leung, 2005）。事实上，组织间合作并不是如社会资本理论所说的那样一直向着更紧密、更融洽、更一致的方向发展，而是永远有松散、敌对以及差异的存在。鉴于离岸外包合作不低的失败率，有必要发展一个恰当的理论框架来解释这一复杂的现象。

第三节　松耦合理论及相关研究的综述

一、松耦合理论概述

相对于其他理论（如交易成本理论、资源基础理论和社会资本理论），松耦合理论（Loose coupling theory）是一个比较小众的理论视角，在整个管理学研究中并不起眼。它的完整概念被首次提出是 Weick 于 1976 年发表在 *Administrative Science Quarterly* 上的研究论文“Educational organizations as loosely coupled systems”。但直到 1990 年，

Orton 和 Weick（1990）才将 Loose coupling theory 作为一个正式理论提出来，并在近些年被实证学者关注（Luo，2008；Liu et al.，2012）。这里将在整理松耦合理论本身研究的基础上对松散带来的三个具体表现——模块化、契约控制和文化差异性进行综述。

（一）松耦合的内涵

耦合（Coupling）的概念原本常见于通信、软件及机械工程领域，是指两个或两个以上的电网络的输入与输出或电路元件之间存在紧密配合与相互影响，并通过相互作用从一侧向另一侧传输能量的现象。简单来讲，耦合是指两个或两个以上的实体（Entity）相互依赖于对方的一个量度。松耦合（Loose coupling）则是指两个或两个以上的实体相对较为松散地依赖于对方。

Glassman（1973）指出，当系统之间几乎不存在共同变量，或存在的共同变量很弱时，就会出现松散耦合。Weick（1976）指出，松耦合是指各要素相互响应，同时保持各自的独立性和特征。Weick（1982）认为，在松耦合中，各要素的相互作用是突然的（而非持续的）、偶尔的（而非不断的）、微小的（而非重大的）、间接的（而非直接的）和终极的（而非立即的）。从整体上看，松耦合描述了 A 与 B 之间的一种关系（Relationship）。要想深入理解松耦合的概念，需要知道如下两个概念：紧密（Tightness）和松散（Looseness）。

在相关研究中，对紧密和松散关系的解读有两种不同的观点。第一种观点即连续观认为，紧密和松散是连续变量，紧密和松散的平衡（即松耦合状态的达成）需要通过点断均衡来实现（Glassman，1973；Luo，2008；Liu et al.，2012）。第二种观点即正交观认为，紧密与松散是互不直接干扰的正交变量（Weick，1976；Luo et al.，2011；Terjesen et al.，2012），松耦合状态可以同时追求紧密和松散。两种观点如图 2-5 所示。连续观认为松散和耦合是连续变量，一方的增强意味着另一方的减弱，非此即彼，松耦合应该是中间状态。正交观则认为松散和耦合是正交变量，双方互不直接干扰可以共存。因此，基于 Orton 和 Weick（1990）以及 Terjesen 等（2012）的讨论，当合作实体双方既各自保留特殊性（Distinctiveness）又保持响应（Responsiveness）才是松耦合的理想状态。

图 2-5 描述了连续观和正交观下紧密和松散的关系。

（二）松耦合的原因及分类

基于 Orton 和 Weick（1990）的研究，这里有必要回顾和整理松耦合的如下三大原因（Causes）：

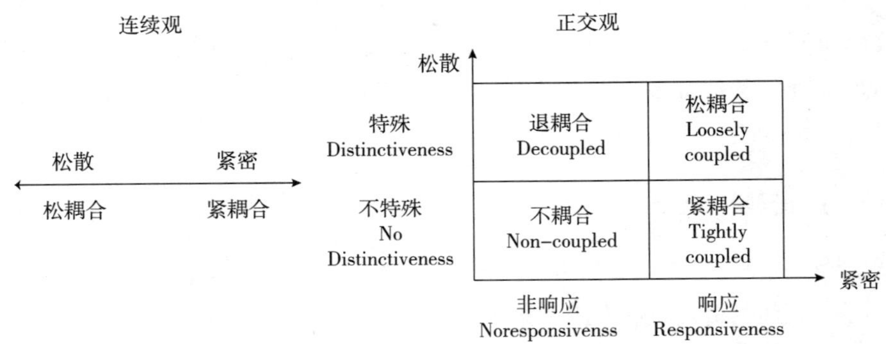

图 2-5 连续观与正交观下紧密和松散的关系

（1）因果关系的不确定（Causal indeterminacy），即手段与结果关系的模糊。类似的概念包括：有限理性（Bounded rationality）、选择性感知（Selective perception）、不确定性（Uncertainty）、模糊性（Ambiguity）和不可见性（Intangibility）。例如，Orton 和 Weick（1990）就指出，有限理性（包括信息处理能力的局限、记忆的模糊以及窄的关注范围）将会导致各方对事情处理速度和方式上的不同。进一步地，合作实体双方会发现很难协调他们的行动、共享的变量也很弱，这将会导致耦合关系的松散化。

（2）碎片化的外部环境（Fragmented external environment），即一个系统外部环境的复杂化会给系统成员带来多样的刺激和相互不兼容的期望。这种环境的复杂和碎片化源于地理位置的分散、利基市场的不同以及对该系统的多样期许。例如，Chase 和 Tansik（1983）就指出不同成员与不同顾客的接触增加了组织内成员之间耦合关系的松散性。

（3）碎片化的内部环境（Fragmented internal environment）。比如，组织内的某个单一成员并不会持续关注或参与该组织运营的方方面面，因此成员间松散耦合化是很自然的事情。简而言之，不论是组织内、团队内还是联盟内，成员各自分工且并非时刻互动，一定的松散化是普遍状态。

此外，在组织研究领域，现有的研究包括了八种类型的松散耦合（Orton & Weick，1990）：①人与人之间；②组织内的子单元之间；③组织之间；④阶层之间；⑤组织和环境之间；⑥观点之间；⑦活动之间；⑧意图和行动之间。

（三）松耦合的直接结果和应对策略

总的来看，紧密—松散矛盾存在于诸多层面：团队层面的下属成员管理、组织层面的下属团队管理以及商业网络层面的组织成员管理（Bloodgood & Chae，2010）。

各个实体（员工、团队及企业）首先都是独立的个体，拥有各自不同的“身份”和能力，将为自身以及组成单位提供有价值的资源（Langfred，2000）。为了让如此独特的特性和能力发挥作用，同时由于因果模糊性和内外部环境碎片化，保持松散是有必要的（Orton & Weick，1990；Bloodgood & Chae，2010），在完成创新性工作时尤其如此。然而，完全自主不一定能够带来好的合作绩效，独立实体需要以诸多方式黏合起来，紧密耦合的必要性便显现出来。

根据 Orton 和 Weick（1990）的整理，松散耦合的直接结果，也即松散化的具体表现形式包括：①模块化（Modularity），即去除不必要的互动；②自主裁量（Discretion），分为行为的自主裁量和认知的自主裁量；③必要的差异（Requisite variety），指组织内部各部门、各团队和各员工在信息处理和解释、思维模式、技能和专长等方面必然存在的差异，它一方面有助于组织对外部环境多变性和复杂性的适应，另一方面有助于提升组织自身结构的柔性。

结合 Orton 和 Weick（1990）以及 Liu 等（2012）的研究，松耦合的应对策略也即追逐紧密性的具体方式包括：①更集中的关注（Focused attention），即专注于可控、可观测的行为和结果，包括密切信息共享这种互动行为；②相互依赖（Interdependency），即通过信任等手段实现必要的相互黏合，更依赖之后也更耦合；③共同的价值观（Shared values），即松耦合会带来很多不确定性，而这时共同的目标、价值观可能是仅剩的秩序，促使双方主动向对方靠拢。不难发现，以上三个具体方式正好对应社会资本的三个维度：结构、关系和认知。

在组织间层面，紧密耦合的类似术语有很多：经济整合、流程整合、供应链整合、知识整合、关系嵌入，等等。虽然这些术语的具体研究情境所依托的理论视角可能不尽相同，但它们共同指向了一个目标：如何使合作各方更密切地互动，如何使各方的行动更好地整合起来、关系更紧密起来。在组织科学研究中，学者们已经充分认识到研究紧密—松散矛盾的必要性（O' Reilly & Tushman，2008；Raisch & Birkinshaw，2008；Terjesen et al.，2012）。总的来说，松耦合理论对我们的启示就是：紧密和松散可以同时存在，并共同提升合作绩效。

表 2-4　松耦合理论的重要研究归纳

作者（年份）	连续/正交	研究背景	研究方法	主要结论
Weick（1976）	连续观	组织内部	理论分析	以教育机构这种组织为背景，对松散耦合框架对于组织内部结构的影响进行了有益探讨

续表

作者（年份）	连续/正交	研究背景	研究方法	主要结论
Provan（1983）	连续观	组织之间	理论分析	结合体、参与式、独立式和委托统治式联盟以及组织内体系都有松耦合的属性
Luke 等（1989）	连续观	组织之间类公司	理论分析	当与公司主营业务有紧密联系但又缺乏战略重要性时应采用类公司这样的松散组织安排
Orton 和 Weick（1990）	连续 & 正交观	从人与人到组织之间	理论分析	系统分析了松耦合的理论研究，分别探讨了其起因、分类、直接效应和弥补措施
Beekun 和 Glick（2001）	连续观	组织之间	理论分析	深入分析了松耦合的概念内涵及度量标准，并提出一系列待检验的研究命题
Luo（2008）	连续观	组织之间	基于 198 家跨文化战略联盟数据的实证分析	分析了组织间整合对联盟稳定性和联盟收益的影响，并探讨了三个调节变量的作用
Tiwana（2008b）	正交观	组织间层面	基于 120 家软件外包联盟数据的实证分析	组织间模块化会降低过程控制对外包绩效的重要性，但对结果控制没有显著影响
Luo 等（2011）	正交观	组织之间	基于 225 对中国 Buyer-supplier 数据的实证分析	从松耦合理论出发梳理了合作和控制对于组织间关系管理的重要性，分析了四种耦合机制的不同状态
Liu 等（2012）	连续观	组织之间	基于 216 对中国 Buyer-supplier 数据的实证分析	从松耦合理论出发梳理了四种组织间公平感知和合作绩效之间的耦合机制，并检验了这些耦合机制扮演的中介角色
Terjesen 等（2012）	连续 & 正交观	组织之间	基于 261 家制造企业数据的实证分析	发现了供应链整合与运营绩效的倒 U 型关系，但整合—模块化是一个互补的关系

注：在工程学、建筑学等诸多学科领域也有松耦合理论的相关研究，但表 2-4 只总结了管理领域内的重要研究。

二、模块化安排

Orton 和 Weick（1990）基于松耦合理论提到，实体间松散性导致的三大结果中第一个就是模块化安排，这在离岸服务外包这种松散的合作关系中尤为普遍。

（一）模块化安排的内涵

模块化（Modularity）的正式概念是由 Simon 在 1962 年提出的。Simon（1962）指出，一个复杂系统（产品架构或是业务设计）是由大量相互依赖和交互的部件构成的，限定部件属性以及部件间的交互规则，人们就能预测系统的整体性能。基于此，Simon（1962）提出了模块化的概念，旨在通过把复杂性简化、分散到子模块中，进而提高运营效率。相对于模块化，模块（Modular）的概念最早见于工程机械学，指的是可以相互组合和灵活替换的标准结构单元（童时中，1995）。因此，模块化的过程也可以看作把复杂系统分解成一个个简单模块的过程。模块化理论形成和发展于 20 世纪 90 年代末，最初主要用在产品设计方面，后来逐渐发展为一种业务流程设计和组织架构设计理论，并特别应用于组织间合作情景如离岸外包。

由于研究视角的不同，大量学者对模块化安排的内涵和定义有一定的异议，这些定义归纳起来主要有如下两大类视角（李颖，2014）：第一类视角以 Langlois 和 Boberston（1992）为代表。这一派学者强调了模块化"分解"的属性，认为模块化就是系统按照一系列规则分解出来若干个独立单元，这些单元功能确定且相互之间有确定的连接界面。第二类视角则以 Baldwin 和 Clark（2006）为代表。这一派学者强调了模块化"集成"的属性，认为模块是半自成一体的实体，内部可以自行调整、优化、改进，但一切都基于对外的组合规则，所有的模块最终必须满足接口的要求，必须以集成为大的系统为目标。简而言之，第一类视角强调模块的可分解性，而后一类视角则更强调模块的独立性，每一个模块都被看作一个"黑箱"（Black box）。现在，越来越多的研究者将这两个观点整合起来，认为模块化的完整描述应该包含"分解"和"整合"两大块内容：①设计明确的法则（Rules）将复杂实体或系统分解为一个个独立的子模块，它们各自可在一定范围内自我运营、改进和创新；②独立模块之间的标准化接口设计，为约束模块自我管理和将来整合模块做准备；③整合和集成完成的不同模块，最终创造出来创新性的、个性化的成品（End product）（青木昌彦和安腾晴彦，2003；李颖，2014）。

（二）模块化安排的应用

截至目前，模块化安排的概念主要用在产品和业务两个方面（Jacobs et al. ,2011）。

1. 产品模块化

鉴于模块化的概念最早在产品/生产层面大量应用，我们首先回顾一下产品模块化（Product modularity）的相关研究。Sanchez 和 Mahoney（1996）就曾指出，系统可拆解成一个个小的组件，且组件各自拥有很高的独立性时就是模块化的。这种松散性受益于标准化的界面，会使得通过重塑一个相对小的输入集合而生产大量的终端项目，因而是大规模定制化生产的良好选择（Worren et al. ,2002）。Schilling（2000）指出，模块化是一个系统性概念，包含着一个系统能被拆解并且重组的程度。相似地，早期一些学者将一个模块化产品定义为一个由标准化的单元组合而成的产品，并且可以有多种组合方式。Carey（1997）进一步指出，产品模块化包含着多个子系统，这些子系统可以集成起来，并且在整合在一起之前各自测试和评价。

现有文献共同的理解是指，产品模块化包含构建区块（Block），以重组后提供一个相对大量的产品集合（Sanchez，1995；Schilling，2000）。与先前的定义一致，这里将产品模块化定义为使用标准化的、可替换的构建元素，从而保证大量成品的配置。这个定义假定了松耦合的状态（Loose coupling）、解散的容易程度、异质的输出以及一对一的功能匹配组件。此外，通过图 2-6，可以更直观地理解产品模块化，这里举例的系统为一个简单的双层架构系统，其包含了系统层面的界面、功能，子系统层面的界面、功能，通过系统的分解和子系统的集成实现产品功能。

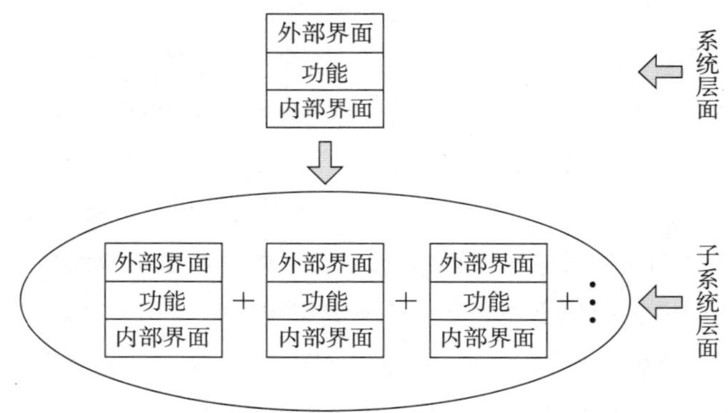

图 2-6　两层的产品模块化结构①

2. 业务模块化

业务（流程）模块化的研究没有产品模块化多，其定义如下：将可调整的以及可重构的工具、流程纳入业务流程中，以有效应对异质性需求。与产品模块相似，业务模块是以标准化的群组构成的（Hoogeweegen et al.，1999），这些群组之间有很少的强连接（Fine et al. ,2005）。这有效保证了流程的重组和剥离，并且最大化降低了功能损失，因为每个业务模块都是相对独立自主的单元（Schilling & Steensma，2001）。因此，如果每个生产或服务流程是独立于之前运营的，这个过程就可以被视

① Chen KM，Liu RJ. Interface strategies in modular product innovation［J］. Technovation，2005（25）：771-782.

为模块化的（Feitzinger & Lee，1997；Voordijk et al. ,2006）。

Lohse 等（2004）就曾指出，模块化生产系统成功的关键因素是快速重组的可行性，这是因为整个系统的绩效表现取决于工具的选择（Tooling selection）和任务分配到工作坊的办法。每个业务模块包含一个功能集，形成了选择一个特定任务（如转向、钻、磨）对应模块的基础。因此，业务模块可以随着需求的变化而灵活地被激活或停用（Erlicher & Massone，2005）。下面对业务模块化的定义是：可调整的、可重组的工具、生产运营的路线，以有效地满足异质化的需求。业务模块化常常包含如下管理方案：制造体系、群组技术、蜂窝制造以及模块化外包。

在组织间合作层面，越来越多的学者指出业务模块化的重要性。结合 Sanchez 和 Mahoney（1996）对业务模块化的探讨，Tiwana（2008a，2008b）在外包合作关系下提出组织间模块化（Interfirm modularity）的概念，是指接包方所承担外包业务（或任务）与发包方技术组合在职能依赖、程序依赖或信息依赖上的松散程度。组织间业务模块化事先必须规定如下三方面：双方伙伴如何连接、如何信息交换和如何互动（Mikkola & Gassmann，2003；Sanchez & Mahoney，1996）。外包项目与发包方技术组合耦合程度越低、流程相互依赖程度越低、事先界面规定越完备，则组织间模块化程度越高（Tiwana，2008a）。Srikanth 和 Puranam（2011）、Terjesen 等（2012）深入研究了组织间业务模块化的具体作用机理：前者指出业务模块化可以降低合作企业间的信息处理需求，降低成本并保证合作质量；后者指出业务模块化可以使得组织间整合发挥更大效用，特别是在环境不确定性高的时候。

图 2-7 描述了产品和业务模块化的作用机理。

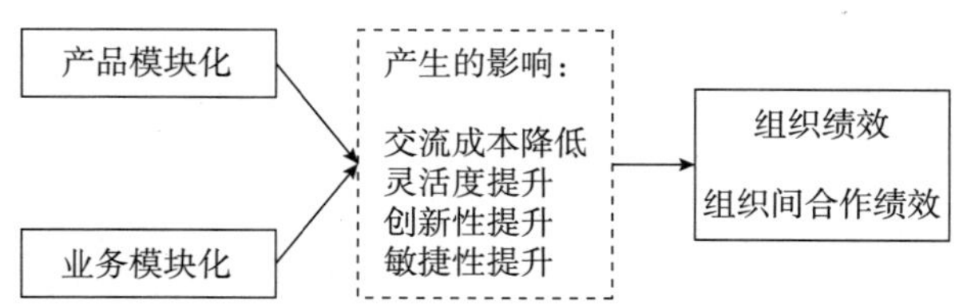

图 2-7　产品和业务模块化的作用机理

以下，本书归纳了模块化的经典研究以及最新研究，如表 2-5 所示。

表 2-5　模块化的重要研究归纳

作者（年份）	产品/业务	研究背景	研究方法	主要结论
Sanchez 和 Mahoney（1996）	产品 & 业务模块化	组织层面	理论分析	系统分析了模块化理念对产品设计、组织设计、组织学习以及流程柔性的主要启示

续表

作者（年份）	产品/业务	研究背景	研究方法	主要结论
Sanchez (1999)	产品 & 业务模块化	组织层面	理论分析	模块化的产品设计对产品多样性、产品知识多样性以及市场进入速度的帮助
Schilling (2000)	产品模块化	组织间层面	理论分析	系统探讨了产品模块化的作用机理，提炼出一个模块化的系统理论，并指出如何应用这一理论
Worren 等 (2002)	产品 & 业务模块化	103 家美国及英国家电制造商/组织层面	结构方程模型	模块化的产品安排及业务安排会通过提升战略柔性（模型数量、模型引入速度和新产品推出速度）而间接影响绩效
Tiwana (2008a)	业务模块化	209 家离岸外包联盟/组织间层面	回归统计方法	组织间（业务）模块化会减弱发包方对已发包业务无知对绩效的负面作用
Tiwana (2008b)	业务模块化	120 家软件外包联盟/组织间层面	回归统计方法	组织间（业务）模块化会降低过程控制对外包绩效的重要性，但对结果控制则没有显著影响
Campagnolo 和 Camuffo (2014)	产品 & 业务模块化	组织层面	理论分析及文献回顾	通过回顾 125 篇相关文献，系统分析了产品、生产和组织设计模块化各自领域研究的不足和相互的交叉，指出未来方向
Lau 等 (2011)	产品模块化	115 家电子行业企业/组织层面	回归统计方法	产品模块化对产品绩效的直接作用不显著，但会通过产品创新性的中介间接提升产品绩效
Srikanth 和 Puranam (2011)	业务模块化	126 对业务流程离岸外包合作关系/组织间层面	回归统计方法	组织间业务模块化可以缓解发包方企业的主营业务与已发包业务间相互依赖性对绩效的负向作用
Terjesen 等 (2012)	产品 & 业务模块化	261 家制造公司的供应链数据	回归统计方法	制造公司的制造模块化会提升其供应链整合对绩效的作用，特别是在高度的环境不确定性下

三、契约治理

Luo 等（2011）基于松耦合理论指出，组织间关系的紧密性会加大建立合作行为的必要性；而组织间关系的松散性会提升投机主义（Opportunism）的可能性，从而使得正式的契约治理变得非常重要。然而早在 Orton 和 Weick（1990）的开创性研究中，他们也基于松耦合理论视角提出松散性会导致的第二个结果——行为的自主裁

量（Behavioral discretion）。如果不能签订完备的契约来约束这种“自顾自”的行为，松散连接双方合作很有可能失控。

（一）契约治理的内涵

组织间建立合作关系后首先要面对的是诸多失败风险——有限理性和投机主义（Parkhe，1998）。Williamson（1985）则基于交易成本理论指出，契约治理作为有效应对这两种交易成本来源的保障机制，对于避免合作失败至关重要。Williamson（1991）就曾指出，契约提供了基本的流程安排、各方利益保护措施以应对必要调整的方案。契约的必要性源自三种交易特性：资产专属性、不确定性以及交易频率（Poppo & Zenger，2002）。

大量学者从不同学科背景和理论视角对契约、契约治理（Contractual Governance）的内涵进行了解读。根据经典契约理论，契约就是两方（或三方及三方以上）合作伙伴签订关于如何合作的协议，这些协议会受到正式法律的保护。契约可以采用比较多样的方式，比如口头的或书面的、隐晦的或明晰的。其中书面形式达成的协议也被称为正式契约（Woolthuis et al.，2005）。在组织间合作情境下，焦俊和李垣（2007）给出了契约治理的较完整定义：“以合作双方达成的协议为主要控制依据，通过对联盟过程和绩效进行监测，制定相应的制度和规则，激励合作者以好的意图和标准来合作，并惩罚机会主义行为和其他不利于联盟发展的行动。”

契约研究最早只是关注契约的结构，结构视角的契约研究强调如何构建最优的治理框架，从而从把握交易属性出发，更好地保障（Safeguarding）投资和降低交易成本。功能视角的契约研究则指出，保障参与各方的利益可能不是契约的唯一功能和目的（Barringer & Harrison，2000）。合作关系的参与方可能通过设计契约来保证协调（Coordinating）和调整（Adapting）他们的行为（Parmigiani & Rivera-Santos，2011）。因此功能视角的契约研究指出，学者必须关注契约的特定功能，以面向绩效提升做出正确的安排。

（二）契约扮演的三种角色

1. 契约的保障机制角色

交易成本理论认为契约设计是减少事前和事后投机风险的重要手段，因此会保障合作各方的利益，这种保障机制（Safeguarding mechanism）的角色体现在如下几个方面：首先，相互间转移的知识复杂、隐性或编码性弱的时候，契约更可能帮助定义和推动强有力的规则来保障各方投资（Parmigiani & Rivera-Santos，2011）。其次，当洽谈交易的时候，契约会通过规定参与者投资责任的方式来最小化交易困境

(Leiblein, 2003)。最后，当参与各方通过股权方式组合资源的时候，比如 Barringer 和 Harrison (2000) 所提的紧密耦合关系，契约更多扮演的是保障股权投资的角色。

很多实证文献从保障机制的角度验证了契约完备性、契约复杂性和保障措施的作用机理 (Barthelemy & Quelin, 2006)，其中保障措施包括产权分配 (Klein et al., 2005)、单方面提前终止契约关系的权利 (Argyres & Mayer, 2007) 以及冲突的解决流程 (Argyres & Mayer, 2007)。直到现在，依然很少有研究特别关注和验证这些措施是否达到了其本身的意图。①契约完备性的研究，认为更完整和详细的契约会罗列出更多的备选方案，从而限制投机的可能性 (Macher & Richman, 2008)。这类探讨就指出更完整的契约会帮助应对交易困境、提升交易绩效，战略研究者发现这种关系在额外因素加入进来的时候会得到增强，比如关系治理 (Poppo & Zenger, 2002)。②决策权的分配，决策权如果更多掌握在一方手里，外部性问题会导致道德风险，进而削弱另一方的谈判位置 (Adegbesan & Higgins, 2011)。此外，当一方参与投资另一方，终止权利通常赋予一方或者双方 (Robinson & Stuart, 2007)。终止权利将会通过允许一方按照自身意愿终止合作而降低偷懒问题。

2. 契约的协调机制角色

契约对合作行为进行了协调安排 (Mayer & Argyres, 2004)。企业参与到持续关系中时，如果合作任务高度不确定和复杂，他们更难达成合作目的 (Eckhard & Mellewigt, 2005)。当这些任务在企业之间完成时，需要活动接口、劳动分配的顾虑引发了协调的必要性 (Dekker, 2004; Gulati & Singh, 1998)。企业用契约增强协调的具体方式包括：定义角色和职责 (Klein et al.,2005; Mayer & Argyres, 2004)、定义监督过程的措施 (Argyres & Mayer, 2007) 以及制定谁是项目主管 (Klein et al., 2005; Ryall & Sampson, 2009)。具体表现如下：

(1) Mayer 和 Argyres (2004) 发现，契约参与者随着合作的进行会调整契约内容来增强相互间员工的沟通、不断明确各方的权力和职责。他们指出，参与者无法在一开始就规定好所有潜在的问题，而是随时应对新问题和在未来的契约中细化这些问题的处理方式，这一发现强调了契约在增强协调中发挥的作用 (Mayer & Argyres, 2004)。

(2) 契约还可以通过监督过程而非结果来协调合作关系。许多契约一开始包含了无法验证的措施，比如一些条款要求合作企业投入与其他项目同等的努力，要求投入一定数目的全职雇员来做这个项目，或者要求项目成员的资质 (Robinson & Stuart, 2007)。此外，条款强制监督过程，会增强任务特有活动的沟通，从而促进合作的有效性 (Faems et al.,2008)。

(3) 契约增强合作伙伴间协调的第三种方式就是措施的设计和应用。Lumineau

和 Malhotra（2011）就发现，当契约强调协调时，合作各方更有可能基于利益的视角关注合作和冲突解决。Weber 等（2011）验证了契约的终止措施和延展措施。他们的研究启发实践者：措施的设计会影响参与各方的心理进而促发行为。

3. 契约的适应机制角色

契约也会在不确定性出现的时候扮演适应机制（Adaptation mechanisms）的角色（Leiblein，2003）。契约安排的变化会迫使关系各方进行调整适应，这种变化可能是外生的（需求或供给的波动），也可能是内生的（任务复杂性）。契约的适应机制体现在规定了双方都认可的对无法预测事件的容忍区域，或者当变动发生的时候提前安排好应对程序。对于契约如何促进适应的研究是较少的，少数的文献关注了变动程序（Mayer & Argyres，2004）、不可抗力（Klein et al. ,2005）以及价格波动后的价格调整方案（Crocker & Reynolds，1993）。

契约帮助关系双方适应不确定环境的方式有两种。第一，契约会根据环境背景来规定报酬方案，在价格波动的情况下提前制定好备选价格安排（Crocker & Reynolds，1993）。调整的报酬方案会减轻环境不确定带来的合作风险，具体表现在：基于容忍水平来规定联盟的收益水平。第二，契约规定了如何适应环境的措施。Argyres 等（2007）发现企业随着合作关系经历的增多，会更多关注适应型计划。Mayer 和 Argyres（2004）发现，变动因素增多时，伙伴双方会加上未来制定新契约的具体条目。Luo（2002）则探讨和检验了契约权变适应性对合作绩效的倒 U 型影响，指出权变规划过多和过少都有缺陷。

以下，本书归纳了契约治理的经典研究以及最新研究，如表 2-6 所示。

表 2-6　契约治理的经典研究归纳

作者（年份）	研究背景	研究方法	研究结论
Poppo 和 Zenger（2002）	285 家信息服务组织间关系	回归统计方法	本书发现交易困境会提升契约（正式）治理和关系（非正式）治理的必要性，且两种治理方式对提升合作绩效是互补的关系
Gopal 等（2003）	93 个组织间离岸软件外包项目	回归统计方法	本书发现需求不确定性、项目规模和资源短缺均会显著影响契约类型选择，项目类型进而会影响项目绩效
Barthelemy 和 Quelin（2006）	82 个外包契约	结构方程模型	本书检验了专属性、转换成本和人力资产适应性对契约复杂性的提升作用，进而指出契约复杂性会提升事后交易成本

续表

作者（年份）	研究背景	研究方法	研究结论
Rustagi 等（2008）	138 家 IT 外包组织间关系	结构方程模型	本书发现任务不确定性会提升正式控制的数量，技术和关系管理知识则会减弱正式控制的数量，这里的正式控制是基于契约治理的更完整概念
Zhou 等（2008）	361 对中国渠道组织间关系	结构方程模型	本书发现资产专属性和不确定性均会促使双方建立关系连接，而不确定性也会促使双方设计更为个性化的契约
Liu 等（2009）	225 对中国制造商—分销商合作数据	回归统计方法	本书探讨了交易机制和关系机制对抑制组织间投机主义和提升组织间关系绩效的直接作用，包括作用大小比较和联合作用验证
Li 等（2010a）	168 家跨国公司中国子公司	回归统计方法	本书探讨了正式契约对于子公司从母公司获取知识的直接正向影响和调节影响
Li 等（2010b）	580 家中国国内及国际 buyer－supplier 样本	回归统计方法	正式的契约治理与非正式的社会治理并非严格互斥或互补，而是在国内 B－S 情境下互斥，而在国际 B－S 情境下互补
Zhou 和 Poppo（2010）	399 对中国渠道组织间关系	回归统计方法	本书探讨了宏观法律体系会促使合作双方使用契约而非晦涩的关系机制；反之，会使用关系机制而非契约治理
Malhotra 和 Lumineau（2011）	102 个欧洲公司参与的组织间争端	回归统计方法	基于纵向数据，本书发现契约的治理条款会抑制合作双方的善意信任，而提升能力信任水平
Yang 等（2011）	384 家中国制造类公司样本	回归统计方法	本书发现正式治理（即契约）和信任对交易是互补还是替代关系取决于关系连接的建立，二者只有在弱连接时才互补
Wang 等（2011）	315 家制造企业样本	回归统计方法	本书探讨了契约和信任两种治理机制对企业创新绩效的单独直接作用和正向交互作用，特别地，契约倒 U 型影响创新绩效，外部环境不确定性减弱契约对创新绩效的正向作用
Arranz 和 de Arroyabe（2012）	211 家英国生物科技公司样本	回归统计方法	本书发现契约、信任和关系规范对于提升公司绩效是互补的作用，且契约在利用式项目中更能发挥作用，后两者则在探索式项目中更有效
Burkert 等（2012）	296 家公司的 Buyer－supplier 样本	回归统计方法	本书比较了包括契约在内的五种治理机制的使用，以及它们在国内和国际 Buyer－supplier 情境下的不同作用机理，并发现契约治理会抑制信任的建立

续表

作者（年份）	研究背景	研究方法	研究结论
Lumineau 和 Henderson（2012）	99 个 Buyer－supplier 争端样本	回归统计方法	本书发现契约的使用会减弱合作关系经历对谈判战略的积极影响，且契约使用会促使拥有良好竞争关系经历的合作双方使用合作谈判战略
Mani 等（2012）	134 家业务流程外部组织间关系	回归统计方法	本书发现共同行为、关系关注和技术能力在 T&M 契约而非固价契约中使用更为广泛，进而这三个构件对外包合作绩效的提升作用也更显著
Rai 等（2012）	335 家业务流程外部组织间关系	回归统计方法	基于实证数据，本书发现契约机制和关系机制在影响合作满意方面的复杂交互作用，认为契约机制和关系机制会有相互替代作用
Yang 等（2012）	205 家中国制造类企业样本	结构方程模型	探讨了两种治理机制（契约和关系）在外部制度环境和渠道绩效之间的桥接作用，并指出二者对于绩效提升的互补作用
Zhou 和 Xu（2012）	168 家中外 Buyer－supplier 联盟样本	结构方程模型	发现关系治理机制和契约治理机制对抑制合作双方的投机主义行为是互补关系，然而前者与集权控制则是替代的关系
Huber 等（2013）	一家德国银行的四个信息系统外包项目	案例研究	契约治理和关系治理是互补还是替代关系是动态摇摆的，这种关系的变化取决于案例里提到的诸多情境事件
Jiang 等（2013）	205 家中国联盟企业	回归统计方法	探讨了信任机制和契约机制对组织间知识泄露的直接影响以及交互影响，认为契约会与能力信任共同抑制知识泄露，而契约与善意信任则不会产生积极的联动作用
Zhang 和 Zhou（2013）	343 对供应商—制造商的合作样本	回归统计方法	发现契约作为事前治理并不能直接促进知识转移，正式的事后控制和信任则可以；此外，对于提升知识转移，信任和契约是互补作用，信任和控制则是替代作用
Schilke 和 Cook（2015）	171 家战略联盟的双边样本	结构方程模型	在缺乏一个有力的信誉基础时，契约保障对于相互信赖度的促进作用更大；相反，在具备有力的信誉基础时，组织文化（关系观）对于相互信赖度的促进作用更大
Cao 和 Lumineau（2015）	149 篇相关实证文献	Meta 统计分析方法	基于相关文章的分析，本书发现契约、信任和关系规范会共同提升合作满意、关系绩效和降低投机主义，这验证了契约和关系机制的互补作用，且发现二者是互补还是替代关系会受到制度环境、关系类型和关系合作时长的调节

四、文化差异

在 Orton 和 Weick（1990）的开创性研究中，他们基于松耦合理论视角提出松散性会导致的第三个结果就是不可避免的差异性。在当今的跨国经济合作中，双方企业首先都是独立的个体，拥有各自不同的“身份”和能力，这决定了它们之间是松散连接的状态。基于松耦合理论，为了让成员基于各自特性和能力发挥作用，差异性是不可避免的，同时也是有必要的（Orton & Weick，1990；Lavie et al.，2012）。其中，最为突出的差异即文化差异。

文化提供了一个社会团体成员的身份特征，具体表现为共同的价值观、信念、特征，帮助其成员向别人解释他们的行为、状况时的一系列规则和准则（Brett，2007）。文化特征提供了人们解读行为时的理由（Rivers & Lytle，2007）。不同的国家和民族有着显著不同的文化，故现有对组织间文化差异性的研究一类是用国家文化差异代替组织间文化差异，另一类则直接研究组织间文化差异。

（一）国家文化差异

国家文化可以定义为一个国家长期形成的集体心智表达模式，也即一国成员共同拥有的深层的价值观体系（Hofstede，1991）。国家文化体现在一些基本的价值观念上，比如对错是非、美好邪恶、美丽丑陋、理智非理智等。为了深层次理解国家文化间的差异是怎样的，诸多学者进行了深入探讨。国家文化差异（National culture differences）表示的是来自不同国家、地区文化里的人在沟通方式（语言及非语言）、思维方式、价值观等诸多方面的不同程度。为了衡量国家文化差异，不同学者提出了不同的衡量标准，下面将介绍其中最具代表性的三类标准：

1. Hofstede 的国家文化维度

对国家文化差异的研究，最具代表性的毫无疑问是 Geert Hofstede。Hofstede（1980）辨认并测量了四个主要的文化维度：权力距离、不确定性规避、个人主义和男性主义。这之后的研究中，Hofstede 等（2010）又提出了另外两个维度：长期导向和放纵与克制。权力距离是指一个国家里，某一个机构或组织中没有权力或权力弱的成员期待或能接受权力被不公平分配的程度（Lopez-Duarte & Vidal-Suarez，2012）。不确定性规避是指一个文化里的成员感觉到被不确定或未知状况威胁的程度。个人主义或集体主义衡量一个国家中个人与团体之间的关系。男性主义是指一个社会的性别角色被清楚地区分出来，女性主义则是社会性别角色相互重叠、界限模糊。长期导向是一种儒家思想，它代表一个国家人们对未来收益的重视程度，特别强调忍耐和节俭。放纵与克制，前者是指一种保证基本和天然的人类欲望能得到相对自由追求的倾向；后者则是指这些喜悦需要被严谨社会规范约束的程度。

2. Hall 的国家文化维度

Hall（1976）则把国家文化差异通过一个维度进行了区分，即低语境文化和高语境文化。低语境文化是指沟通（特别是口头沟通）的直接和明白程度，例如，人与人说话会表达得非常明了。在一个谈判情境下，参与者经常通过提问来了解别人的目标、期许，进而清楚参与团体的社会背景（Brett，2007）。相反地，高语境文化下的人们需要结合相关背景和反复沟通才能提供信息的完整意思。背景变量的例子比如：个人出身、社会关系、价值观和社会中的位置；物质环境、身份/权力关系、参与的角色以及沟通的非语言信息（Ribbink & Grimm，2014）。尽管部分基于语言的解释，但 Hall（1976）的区分其实超越了沟通的意义。高语境国家文化更看重传统和历史，其变化也很缓慢、不容易被接受。此外，低语境文化常常包含着诸多多样性，包括民族种族的多样性以及心智的多样性。

3. Schwartz 的国家文化维度

Schwartz（1999）和 Siegel 等（2008）提出了衡量国家文化差异的三个标准：个体—团体关系；个体承担的社会行为；人类与自然/社会世界的关系。进一步地，这三个标准衍生出三大维度：嵌入/自主；阶层/平均主义；统治/和谐。嵌入/自主维度是指一个社会中个体与团体的关系。嵌入是指一个国家中的个体对团体的认同感以及共享同一种生活方式。相反，自主则是强调个体之间相互独立。阶层/平均主义是指不同的保障个体负责任行为的方式，这会带来社会的合作活动。一种解决方案是阶层化，即权力差异很明显，把角色分给个体。相反的方案则是平均主义，该系统强调个体间的自愿合作，并且相互是平等的。统治/和谐则是指人类和自然/社会世界的关系。统治是指文化强调掌控、变革和利用自然、社会环境来满足个人或团体利益。相反，和谐是指个人在接受世界上的兴趣以及他们想要融入而非改变自然、社会环境中的意愿。

（二）组织文化差异

学术界普遍认为，组织文化指“组织成员共享的价值观和行为规范”（Bjorkman et al. ,2007；叶娇，2012）。对于组织文化在个人、团队、组织以及组织间层面的研究，不同学者已经做了广泛的探讨和分析。例如，有的探讨组织文化的概念内涵和具体维度；有的则从企业战略、组织创新、运营管理、领导力、人力资源管理等角度研究组织文化的具体作用机理；有的探讨组织文化与绩效（个人、团队或组织绩效）的复杂作用机理（Sasaki & Yoshikawa，2014）。

在组织间层面，组织文化的差异性广泛存在的情况也吸引了诸多学者的关注。

组织间文化差异表现在诸多方面，如价值观、规范、信条、假设前提等方面的不同。在研究中，很多学者直接采用 Hofstede 或 Hall 的国家文化差异维度标准来衡量组织文化差异（Griffith et al. ,2009；Ribbink & Grimm，2014），另外一些学者则采用国家文化维度和其他维度杂糅在一起的方式（Winkler et al. ,2008；Sarala & Vaara，2010；Nielsen & Gudergan，2012），也有一些学者则区分得很明确（Pothukuchi et al. ,2002；Lavie et al. ,2012）。

Pothukuchi 等（2002）就基于 Hofstede 的研究，指出了如下六个衡量组织间文化差异的标准：①过程导向与结果导向，前者关注严格的过程安排，有标准化的操作流程；后者则关注整体的任务完成质量而非具体手段。②员工导向与工作导向，前者关注成员感受，不会揪住员工错误不放；后者则关注任务完成情况，成员应该为任何不服从或失误负责。③狭隘导向与专业导向，前者是指该组织的员工更看重自己是属于这个组织的身份；后者则是指员工更看重自己干的具体工作。④开放系统导向与闭合系统导向，前者是指组织沟通氛围是动态实时交换的；后者则是指一个僵化的组织沟通氛围，相互冲突的意见不能得到有效保护和发表。⑤松散控制导向与紧密控制导向，它们是指组织内部的结构化和控制严谨化程度。⑥标准化导向与实用主义导向，前者是指组织做事倾向于以一系列规则为准；后者则是指组织做事以顾客满意为准。

Winkler 等（2008）则系统测量了离岸外包下的组织间文化差异，除去包含了 Hofstede 国家文化维度的权力距离和个人主义，还另外引入如下三个指标：①主动性/被动性，即一个组织中的成员是认为他们在改变世界还是被世界改变；②沟通方式，即该组织内的信息传递是直截了当、详尽及时，还是晦涩难懂；③信息系统设计价值观，即该信息系统的设计者是更看重技术性、经济性还是政治社会性。Lavie 等（2012）从管理方式和组织反应两个维度探讨了组织间文化差异的问题。其中，管理方式（Management styles）是指一家企业特有的管理视角、控制体系、决策制定方式和沟通模式。组织反应（Organizational responsiveness）是指一个企业对外部实体、事件的反应。不同组织的成员会对外部环境形成各不相同的观点，一些倾向于隔离外部事件，另外一些则对外部变动因素发生直接反应。

总的来说，组织文化通过形成一股内部聚合力来规范员工的行为。具有不同组织文化的企业或组织，在相互沟通上显然要弱于组织内部的沟通效率、效果，因此需要磨合、相互学习、协调等。即便如此，合作伙伴间的组织文化差异本身还是会负面影响合作过程的顺利推进，阻碍相互间专属资源的转移和整合。

以下，本书归纳了组织间层面文化差异的经典研究以及最新研究，如表 2-7 所示。

表 2-7 组织间层面文化差异的重要研究归纳

作者（年份）	国家/组织文化差异	研究背景	研究方法	主要结论
Pothukuchi 等（2002）	国家 & 组织	印度的 127 家合资企业	回归统计方法	研究了国家文化差异和组织文化差异分别对合资企业合作绩效的直接负面影响，并发现后者的负面作用更大
Bjorkman 等（2007）	国家 & 组织	跨国收购	理论分析	文化差异会通过社会整合、潜在吸收能力和能力互补的中介作用而间接影响企业间能力转移，社会整合机制和运营整合会调节上述过程
Lee 等（2008）	国家	386 个韩国企业跨国合作样本	回归统计方法	文化距离会降低合作双方使用更高的控制方式；对内投资则更倾向使用紧密控制；文化距离较大则对内投资使用更高控制的意愿降低得更明显
Stahl 和 Voigt（2008）	国家 & 组织	46 篇 M&A 文献的 1 万多个样本	Meta 分析	文化差异除了带来负担还带来价值创造机遇，其对社会文化整合、协同获取、股东价值的影响有正有负，多种调节因素也会带来不同变化
Winkler 等（2008）	国家 & 组织	德国—印度离岸外包项目	案例研究	深入探讨了离岸外包下文化差异的概念内涵和具体维度（比如权力距离、设计价值观等），并探讨了这些维度与外包绩效的直接关系
Griffith 等（2009）	国家	200 个 NPD 离岸外包项目	结构方程模型	基于 TCE 和 RDT 理论，本书探讨了三种资产专属性和两种不确定性对发包方决策的影响，发现文化距离作为一种不确定性会负向影响发包方对接包方的更高依赖
Rai 等（2009）	国家 & 组织	155 个离岸 IS 外包项目	回归统计方法	除去探讨信息共享、问题协调和信任的重要作用，本书还探讨了组织间文化差异（国家文化、组织文化）对外包合作成功的负向影响
Sarala 和 Vaara（2010）	国家 & 组织	133 起芬兰企业的跨国收购	回归统计方法	通过比较，发现国家文化差异对跨国收购的组织间知识转移是正向影响，而对组织文化则是负向影响，且组织文化聚合和跨边聚合会增强前面的关系
Lavie 等（2012）	组织	420 家 IT 行业非股权联盟	结构方程模型	联盟合作双方的组织间文化差异和运营差异会通过负面影响组织间关系机制而间接损害联盟绩效

续表

作者（年份）	国家/组织文化差异	研究背景	研究方法	主要结论
Lopez-Duarte 和 Vidal-Suarez（2012）	国家	63 个国家的 302 起投资决策	Logic 回归分析	基于三种重要的文化区分视角，本书详细探讨了文化距离对投资决策（全资子公司还是合资企业）的影响，且考虑了第三方调节变量的作用
Nielsen 和 Gudergan（2012）	国家 & 组织	121 对国际战略联盟样本	结构方程模型	通过研究，本书发现联盟成员能力相似会同时提升利用匹配和探索匹配，文化距离则负面影响二者，最终两种匹配会影响上下游绩效
On 等（2013）	国家	55 个中国境内的 IJV 样本	回归分析方法	本书发现，商业相似和国家文化距离会直接影响（一正一负）IJV 绩效，高管的行为整合则通过提升信任而间接提升 IJV 绩效
Ribbink 和 Grimm（2014）	国家	78 位美国商学院 MBA 学生	实验模拟	基于高语境和低语境文化的区分，本书发现组织间文化差异不仅直接损害共同收益，还负向调节信任和谈判战略对共同收益的直接作用

五、小结

基于对松耦合理论的文献回顾我们发现，松耦合理论作为一种组织理论，已经得到组织间层面研究的关注和探讨。然而，现有研究还不够深入：Luo（2008）只是把紧密—松散看成一个维度的两端，强调找到中间平衡状态的重要性；Luo 等（2011）则用松耦合理论阐释了正式治理（契约、结构规范化）和关系治理（关系规范、人际社交）同时存在的普遍现象，但未深入探讨二者如何共存；Liu 等（2012）则只是关注了紧密耦合机制的建立，而没有深入探讨松散因素的存在及作用机理。总的来看，此类研究还处于初步探讨阶段，对于组织间合作关系紧密—松散属性的具体内涵、作用机理以及相互关系的研究都不充分。

离岸外包合作是一种特殊的组织间合作关系，它不仅包含普通组织间合作固有的一些关系难题（双方目标难协调、互动不紧密、契约不完备性、不信任等），还有跨国商务合作问题（如文化差异性）、离岸服务外包特有安排（如业务模块化），这无形当中增加了紧密合作的难度。结合 Orton 和 Weick（1990）的理论框架，松耦合导致了三个结果：模块化、自主裁量（引发经济治理的必要）和差异性，这与社会资本理论强调的整合性、非正式性和一致性是相矛盾的。前者是松散因素，后者则

是紧密因素，前者如何影响后者在提升外包合作绩效中的作用机理值得探讨。

基于以上不足，我们发现通过松耦合视角可以引出如下的基本框架，即外包组织间的紧密合作需要双方建立整合互动、非正式治理和认知一致性，松散的绝对存在则表现为：模块化、经济自主裁量和差异性。通过文献回顾和概念内涵探讨，我们发现：结构和关系社会资本共同扮演整合互动的角色，也可共同扮演非正式治理的角色（Rai et al. ,2012）；认知社会资本提供了一致的目标基础。这三个角色分别与模块化、经济裁量（契约）和差异性如何共同影响外包合作绩效便是本书将要探讨的核心内容。因此，本书的研究框架如图 2-8 所示。

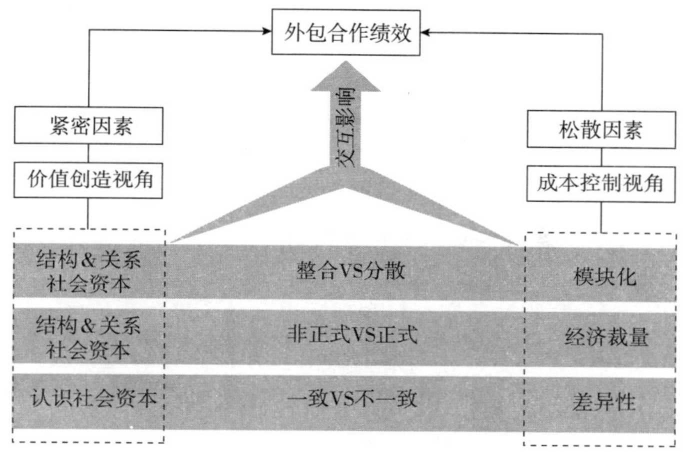

图 2-8　本书的研究框架

综上，本书将基于现有文献的启示和不足，根据本书的研究问题，在下一章提出本书的研究模型和相关假设。

第三章　概念模型和假设

针对第一章中提出的研究背景，本书第二章对现有相关文献进行了回顾与梳理，并在此基础上提出了本书的总体研究思路与研究框架。在本章中，本书将具体介绍如何将现场访谈得到的信息与研究框架、研究目标相结合，以提出本书的概念模型和相关假设。

第一节　现场访谈

一、访谈目的、准备工作与访谈过程

为了验证上一章中提出的研究思路和现实合理性，进一步拓展和完善本书框架，本书采用访谈法进行了实地研究，考察中国接包方企业参与离岸服务外包合作中的社会资本构建和管理情况，为下一步研究工作奠定基础。

访谈法是调查研究收集数据的方法之一（李怀祖，2004），是指通过访问人和受访人面对面的交谈来了解受访人的心理和行为的数据收集方法。李怀祖（2004）认为访谈最重要的是在访谈前设计访谈提纲，寻找其他样本进行试点，以及在访谈中恰当沟通并做好访谈记录。从过程上讲，主要包括四个步骤：①准备工作，包括明确访谈内容并设计访谈提纲；②确定访谈对象，与访谈对象联系安排访谈事宜；③实地访谈，做好访谈记录；④整理访谈资料，分析、汇报访谈结果（Babbie，2003）。

本书对正式访谈事先设计了非结构化的访谈提纲。这样可以让访谈对象围绕所关心的问题进行回答，不必局限在事前设计好的具体问题中，有助于获得关于接包企业项目运营管理中的真实情况。为保证访谈提纲的有效性，课题组先讨论草拟了一份提纲，邀请两位业内专家进行阅读并提出修改建议，形成了最终的访谈提纲。另外，在被访谈企业及被访谈者的选择方面：①为避免被访谈企业规模大小、企业自身和客户类型等因素对访谈结果可能造成的偏差影响，本次访谈分别选择了不同规模的离岸外包接包企业，同时涵盖了本土民营企业、合资企业、外资子公司等行业中常见的企业类型，主要客户也包括了欧美、日本等国家，从而最大限度地确保访谈结果具有普遍性，能全面反映实际情况；②为保证被访谈者熟悉采访涉及的内

容，能客观、准确地提供我们需要的有效信息，本次访谈选择的被访谈者为实际负责项目的项目经理、团队领导及其他中高层管理人员。

其中，与本书相关的访谈问题如表 3-1 所示。

表 3-1　本书的访谈提纲

问题	
问题 1	请简要介绍一下贵公司的基本情况以及所处行业的特点，有多少主要的海外客户？您是否了解为这些客户开发的离岸服务外包合作情况
问题 2	请简要谈谈您个人的基本情况，比如职务、在贵公司工作时间、教育背景等
问题 3	请简要谈谈贵公司在离岸服务外包合作中遇到的主要困难和挑战
问题 4	贵公司是否会与外包发包方关注目标的一致性和文化的差异性问题？如有，请谈谈具体情况
问题 5	贵公司是否会与外包发包方关注密切交流信息、共同解决问题以及加强相互信任的构建？如会，请谈谈贵公司与发包方信息交流、共同解决问题以及构建相互信任的基本情况
问题 6	贵公司与外包发包方公司建立一致目标和文化是否会促进贵公司与交易伙伴在信息交流、共享知识、共同解决问题以及展开合作方面的互动
问题 7	贵公司与外包发包方在建立密切信息交流、共同解决问题以及构建信任方面的努力是否显著提升外包绩效
问题 8	请简要谈谈贵公司与外包发包方合作契约完备性方面的情况
问题 9	请简要谈谈贵公司与外包发包方模块化安排方面的情况，是否会使得双方互动行为的必要性大大下降

我们最终在七家接包方企业进行了访谈，其在企业规模和企业类型各方面都具有较好的覆盖性。七位访谈者都是主管过重要离岸项目且具有丰富经验的项目经理，任职时间从一年到五年不等。从企业及访谈对象的基本信息和实际情况看，我们的访谈基本符合事先设想的要求，能够满足通过访谈了解企业实际情况的需要。被访企业与具体被访谈者信息如表 3-2 所示。

表 3-2　被访谈企业及被访谈者基本信息汇总

	受访者基本信息					
	企业性质	员工人数	年销售额	所任职务	学历	任职时间
访谈 1	民营企业	1073 人	5000 万	项目经理	本科	3.0 年
访谈 2	合资公司	5000 人	11000 万	项目经理	硕士	4.0 年
访谈 3	外资子公司	300 人	6500 万	项目经理	本科	2.0 年

续表

	受访者基本信息					
	企业性质	员工人数	年销售额	所任职务	学历	任职时间
访谈 4	合资公司	600 人	1300 万	部门经理	本科	1.0 年
访谈 5	民营企业	60 人	250 万	总经理	硕士	5.0 年
访谈 6	外资子公司	3000 人	9000 万	部门经理	硕士	2.5 年
访谈 7	民营企业	350 人	7500 万	项目经理	本科	1.5 年

为保证访谈过程顺利进行，更好地实现访谈目标，本书对访谈过程进行了充分准备。①在正式访谈之前，先将访谈大体内容通过电子邮件告知被访谈者，使他们能够进行一些有针对性的准备，保证访谈中能够充分、深入地获取所需信息。②在正式访谈之前，所有参加访谈的课题组成员在一起讨论了访谈中应当注意的事项，针对访谈中可能出现的问题，如何采取灵活应变的方式进行了讨论，从而保证访谈能够深入、顺利地开展。③正式访谈开始时，尽力营造一个宽松、融洽的氛围，便于被访谈者自由发挥。在提问时不针对被访谈者企业敏感信息的问题入手，待被访谈者心情放松、进入状态后再集中于关键问题，按照访谈提纲逐步展开访谈。④每当提出一个问题后，尽量让被访谈者自由发挥，充分发表自己的看法和意见，做好倾听者的角色，不对其阐述的内容发表意见。同时，为了能更准确、深入地了解相关问题，使得访谈不至于离题太远，必要时也在访谈过程中进行适当引导。在引导中，为避免偏差，多采用如下句式：我们对这个问题很感兴趣，您能否告诉我们更多有关情况？还有没有其他的？您认为这是普遍的还是特殊情况？最后，在访谈过程中，我们详细记录了访谈内容，以便进行后续的分析和整理。

二、访谈结果分析

在全部访谈结束后，根据本书的研究问题，我们对访谈记录的关键信息进行了整理和分析。在整理时，我们尽可能保持被访谈者的原话，从中挑出相关的语句，包括离岸外包关系特征、任务特征及其对发包方—接包方企业具体互动过程的影响，以便从中发现本书所需要的有价值的信息，通过对相关内容进行整理我们发现：

首先，所有被访谈者都认为外包合作过程中的发包方—接包方的社会资本因素（目标一致、密切信息共享、问题协调和相互信任）对合作成功会发挥关键作用。被访谈者的相关原话如“我们合作双方非常重视一致目标的建立，并且会基于这样的认知基础展开合作”，“我们有营销团队的成员在客户所在地，与客户保持密切的沟通，再即时把客户需求方的要求反馈给项目团队成员，以便进行及时调整”，“我们

会定期和客户交流项目进展，讨论项目中的问题，并及时解决，以免影响项目交付”，“为了保证交付后能有效使用，客户会进行预测试，然后把问题缺陷反馈给我们，我们好及时改进”，“我们非常看重双方合作过程中的坦诚程度，并认为这对于合作成功有着非常重要的意义”。以上这些话表明，在离岸服务外包合作过程中，发包方—接包方会重视组织间社会资本的构建，通过目标一致性的建立、密切信息共享和问题协调的使用、相互信任的重视，为更好地推进合作成功做出贡献。

其次，在问及离岸服务外包合作不得不面对的松散因素时，模块化安排、契约、文化差异性在被访谈者中受到较多关注。被访谈者的相关原话如“语言不是最主要的问题，主要是有些客户自己对项目需求都不能表达得特别清楚，这种是最头疼的，就需要不断沟通反馈和确认”，“我们承接的外包业务与该客户的其他业务流程之间有明晰的模块界面与接口”，“我们双方会共同参与制定合同，会包括具体的奖惩条款、冲突解决方案”。

最后，在请被访者谈谈如何判断外包合作绩效时，他们都表现出对效率和质量等方面的高度关注。被访谈者的相关原话如“成本往往超出预计……”，“关键是里程碑和关键节点的设计”，“项目缺陷率比较低”，“我们希望通过这个项目和客户建立长期合作关系，因此客户对项目功能满意是最重要的，不打算靠这个项目挣钱”，“有时候我们会采取一些新做法提高项目功能，客户就会很高兴”，“客户对项目交付时间很重视，但只要项目完成质量高，他们也不会太追究”，等等。

综上所述，现场访谈的分析结果有力地支持了本书中提出的研究问题和研究思路，说明本书要研究的问题符合离岸服务外包下发包方—接包方合作关系管理的实际情况，这也是企业实践中关注的重要问题，本书对理解和指导企业管理实践具有重要价值。

第二节 概念模型

一、研究要素界定

在本书中一共涉及如下几个关键的研究要素：外包合作绩效、结构和关系社会资本（包括信息共享、问题协调和伙伴间信任）、业务模块化、契约完备性、认知社会资本（即目标一致性）和文化差异性。在构建概念模型之前，我们先对这些核心概念的具体内涵进行分析。

（一）外包合作绩效

离岸服务外包是最近十几年里在全球范围内迅猛发展、深刻影响世界及区域经济的新兴产业。如今，离岸服务外包已经成为新一轮全球产业转移的重要表现形式，为各大发展中国家（如中国、印度）提供了巨大的经济发展机遇。对于中国来说，吸引离岸服务外包业务，不仅有助于提高本地服务提供商的竞争力，发展信息技术等第三产业，也有助于开发中国应对制造业整体萎缩、制造竞争力下降的困境，进而有助于进一步提升其在全球经济格局中的地位。

无论在宏观层面还是在微观层面，外包双方的合作绩效都是重中之重。①在宏观层面，整个接包区域或国家所展现的外包合作绩效将对发达国家的发包方提供有力的未来发包参考，这会决定整个区域的外包竞争力乃至经济实力；②在微观层面，如何合理、准确地衡量合作绩效对于外包活动的有效展开至关重要，这一方面决定了整个外包活动的努力方向，另一方面也为优化合作过程及合作行为提供了评价依据。结合 Tiwana（2008a）的讨论，当关系双方为了合作成功投入很多资源和构建诸多能力之后，他们还必须在项目层面整合和实现这一切。特别是在离岸服务外包这样的特定情境下，组织间合作最终是以项目的方式呈现。因此，这里的离岸服务外包合作绩效也便是外包项目绩效。

在相关的外包研究中，人们总是从效率（Efficiency）和有效性（Effectiveness）两个方面对外包项目绩效进行衡量（Gopal & Gosain，2010）。效率方面是指项目的实施过程得到很好的管理，表现为项目开发是否在预定时间和预算之内；有效性方面是指项目结果是否满足预定的功能、特性、业务要求。因此，在本书中我们把离岸服务外包的合作（项目）绩效定义为：合作外包项目最终在预定效率（时间、成本）和预期效果（功能、需求特征、关键目标）方面的达成效果。

（二）结构社会资本

结合 Uzzi（1997）、McEvily 和 Marcus（2005）的提法，这里用结构社会资本的概念包含了两个子概念：信息共享和问题协调。其中，信息共享和问题协调共同组成结构维度的社会资本，而相互信任则代表关系维度的社会资本。由于这两个概念往往“形影不离”，共同指向一个紧密合作、共同探索的合作基础（Lavie et al.，2012；Rai et al.，2009），我们将首先探讨它们对于离岸服务外包绩效的复杂作用机理。

尽管 Krause 等（2007）提出了两种子维度的结构社会资本，即共享信息的努力和直接面对面参与（Direct involvement），但是后续的结构社会资本研究没有区分这两种子维度。Lawson 等（2008）就只从信息共享的角度测量了结构社会资本，而没有关注直接面对面参与这一类深入的互动行为。本书基于 McEvily 和 Marcus（2005）、Rai 等（2009）的讨论，认为结构社会资本的两个子维度应包括：信息共享和问题协调。两种子维度的结构资本都是具体互动连接中的重要方面，信息共享是指简单的、效率型的互动连接，旨在及时交换信息、按计划控制进程、关注短期绩效和风险规避；问题协调是指复杂的、灵活型的互动连接，旨在应对新情况、及时调整方向、关注合作有效性和创新。

1. 信息共享

结合 Wu（2008）的讨论，信息共享被定义为：合作一方为了帮助另一方合作活动展开而披露信息（包括技术、管理和市场信息）的程度。信息共享对于离岸服务外包成功（不论是 BPO 还是 ITO）都是非常关键的，相互间私密信息、重要知识的分享对于相互理解对方的需要、能力和态度都非常重要（Rai et al. ,2012）。

2. 问题协调

以往的定义强调结构社会资本这个概念中互动的紧密性和频繁性，然而忽视了互动的方式，这样容易指导实践者陷入单一的互动连接中，投入大量精力却丧失创造力和灵活性。结合利用—探索的双元思想，任何学习活动、合作活动都必须兼顾效率（Efficiency）和柔性（Flexibility），组织间合作也是如此。因此，在组织间合作互动过程中，既应该有直接、简单、追求密切性、及时性的信息共享，也应该包括问题协调这种追求调整、变化、创造的活动。由于离岸服务外包的知识密集性、创新需求性、双方组织差异性、环境波动性以及伙伴企业资源基础（如员工、IT 资源）的变动性，解决共同的问题对于合作成功必不可少（Rai et al. ,2009、2012）。

（三）关系社会资本（即相互信任）

结合 Inkpen 和 Tsang（2005）的讨论，本书用信任一个构件来代表关系社会资本，摈弃了其他的相近概念（Carey et al. ,2011）。很多学者都用伙伴间相互信任来代表关系社会资本（Inkpen & Tsang，2005）。实际上，相互信任也基本完整反映了关系社会资本的内涵，指伙伴双方拥有高质量的合作关系，相信对方即便在有机会投机自利的时候也不会这样做。为了衡量准确，我们基于如下两个变量的均值来代表伙伴间信任：接包方对发包方的信任、发包方对接包方的信任。构件来自于 Rustagi 等（2008）以及 Li 等（2010a）的研究。

（四）业务模块化

我们接下来引入了“业务模块化”的构件，引入的目的是，分析在离岸服务外包这种松耦合的合作关系中，组织间业务模块化（分散安排）与结构和关系社会资本（整合互动）是如何共存的。

基于松耦合理论，我们已经了解到组织间合作的两大基本观点：整合和分散。前者的优势在于紧密合作、提高效率；后者的优势则在于降低合作成本、提高自主创新动力和能力。近年来，越来越多的学者开始探讨二者是否能共存且如何共存（Tiwana, 2008b；Terjesen et al. ,2012）。结合 Sanchez 和 Mahoney（1996）以及 Tiwana（2008a）的研究，外包组织间业务模块化的定义是：外包业务与发包公司现有业务之间的松散安排，二者之间有明确的职能、程序或信息界面，不需要过多的互动。

（五）契约完备性

作为契约治理或正式治理的核心构件，契约完备性（Contractual completeness）对组织间合作成功发挥着至关重要的作用。Handley 和 Benton（2009）在外包情景下给出契约完备性的定义：外包发包方和接包方所设计的契约能够有效协调资源和应对组织间合作风险的程度。契约完备性与契约复杂性（Poppo & Zenger, 2002）、契约长度（Poppo & Zenger, 2002）、法定连接（Carey et al. ,2011）等概念相似，都是描述契约治理在合作关系中发挥的作用。已有大量文献探讨了契约完备性及其类似概念的直接作用结果：投机行为的抑制（Williamson, 1985）、相互承诺的增强（Dyer & Singh, 1998）、绩效提升（Dyer & Singh, 1998；Wang et al. ,2011）、关系满意提升（Poppo & Zenger, 2002）。

（六）认知社会资本（即目标一致性）

目标一致性是整个合作的基础，也是传统社会资本理论下认知社会资本的核心构件。根据 Li 等（2010a）的研究，目标一致性可以被定义为：合作双方对所承担任务和结果的相同理解和共同愿景。

（七）文化差异性

文化差异性的相反概念是文化相似性，文化相似性实际上是在认知社会资本的理论框架中的，但实际上，文化相似性是很难达成的一个合作状态，特别是在离岸服务外包这样的跨国合作情境下。此外，结合交易成本理论的观点，差异性是信息不对称以及投机行为的来源，造成了很高的交易成本，需要密切关注和管理（Ribbink & Grimm, 2014）。此外，与以往研究主要关注国家文化差异不同，本书的关注点是组织间文化差异。

二、模型框架构建

社会资本理论对于我国接包方企业参与外包有着重要的实践指导意义，可以帮

助它们有效弥补自身技术能力薄弱、任务及市场环境复杂等问题。然而，离岸服务外包合作关系充满了分散性、正式性和差异性，这给社会资本理论所倡导的整合性、非正式性和一致性提出了极大挑战。这样，学术界和实践界如何将社会资本理论的“理想”与离岸服务外包的“现实”进行整合就成为了一个重要议题。尽管最新外包研究对紧密合作在提升合作绩效方面的弱点给予了重视（Narayanan et al.，2015），但到目前为止，相关文献仍然存在一定的研究缺陷。

第一，离岸服务外包实践中，伙伴双方业务模块化与结构和关系社会资本是同时存在、共同发生的。但多数文献都是把二者割裂开来研究，并没有研究二者的共存机理。基于松耦合理论的正交观，模块化分散安排与整合互动（结构和关系社会资本）是可以共存的，但具体是如何共存的尚缺乏讨论。Terjesen 等（2012）就在供应链组织间情境下研究发现，模块化安排会增强整合互动与合作绩效的正向关系；Tiwana（2008b）则在软件外包联盟情境下发现模块化会削弱过程控制对绩效的正向作用，而增强结果控制对绩效的正向作用，也即发现了分散安排对整合互动的不完全补充作用。其他研究如 Srikanth 和 Puranam（2011）则只得出模块化会削弱整合互动对合作绩效的正向作用。总的来看，组织间业务模块化如何与具体的结构和关系社会资本共存，前者如何调节后者对组织间合作绩效的直接作用尚待进一步讨论。

第二，尽管学者们研究了正式契约治理与相互信任（非正式治理的核心概念）的共存机理，但既没有得出一致的结论，也没有进一步探讨契约与其他非正式治理（如信息共享、问题协调）是否能够共存。事实上，结构社会资本和关系社会资本早已被辨认了它们作为非正式治理的角色（Carey et al.，2011；Rai et al，2012），但一直以来的问题是：契约是如何调节非正式治理所属构件与合作绩效之间关系的？即便是契约对相互信任到合作绩效的直接正向关系是增强还是减弱，学术界依然没有统一的结论（Cao & Lumineau，2015）。另外，尽管结构和关系社会资本对于合作成功发挥着重要作用，但它们具有建立困难、维护成本高、非标准化等特点，这会对离岸服务外包这种以降低成本为主要目标的经济活动带来极高挑战。相对而言，契约治理具有成本低、标准化等特点，它一方面会为结构和关系社会资本优势的发挥提供辅助作用，另一方面则会降低组织间建立整合互动的必要性，从而帮助节约运营成本。然而，这两种逻辑会有冲突的地方，在契约分别对信息共享、问题协调和相互信任对绩效直接作用的调节效应中，上述两种逻辑哪种占主导地位值得探讨。

第三，社会资本的相关文献主要集中在结构社会资本和关系社会资本上，而缺乏对认知社会资本的探讨。一方面，诸多认知社会资本书献同时研究目标一致性和文化相似性的概念（Inkpen & Tsang，2005），而忽略了现实中目标一致性和文化差异性共存这个普遍现象（Ribbink & Grimm，2014）。另一方面，没有突出二者影响绩效的具体作用机理，即文化差异性如何调节目标一致性与合作行为的直接关系。换句话讲，二者如何共存是有待探讨的话题。组织间文化差异性会带来诸多的关系不确定性，Yan 和 Dooley（2013）就研究指出，关系不确定性（包含文化差异等因素）正向调节组织间目标一致性对合作绩效的积极作用。然而，Ribbink 和 Grimm（2014）等有关文化差异性扮演调节变量的研究往往发现其发挥负向/消极的调节作用。因此，文化差异性如何调节目标一致性与结构和关系社会资本的直接关系，目标一致性和文化差异性如何通过直接影响结构和关系社会资本而间接影响离岸服务外包合作绩效都值得深入分析。

概括起来，本书从四个研究目标出发，试图对离岸服务外包组织间社会资本构建所要面对的紧密—松散共存问题进行较为全面的揭示，并提出应对之道。①探讨并实证检验业务模块化对结构和关系社会资本与外包合作绩效正向关系的调节作用；②探讨并实证检验契约完备性对结构和关系社会资本与外包合作绩效正向关系的调节作用；③探讨并实证检验文化差异性对目标一致性与结构和关系社会资本正向关系的调节作用；④探讨并实证检验结构和关系社会资本在前因（目标一致性和文化差异性）与结果（外包合作绩效）之间扮演的中介角色。

基于上述四个研究目标，我们分别提出理论假设，并在所搜集的一手数据的基础上对所提假设进行实证检验，从而为我国接包企业构建并管理好与发包方的合作关系提供了理论上和实践上的指导。与此同时，探讨松散因素（业务模块化、契约完备性和文化差异性）和紧密因素（信息共享、问题协调、相互信任和目标一致）的共存机理对于我们理解组织间合作成功具有重要的理论和实践意义。

图 3-1 为本书研究模型的框架图，所有构件都是发包方—接包方组织间层面的。

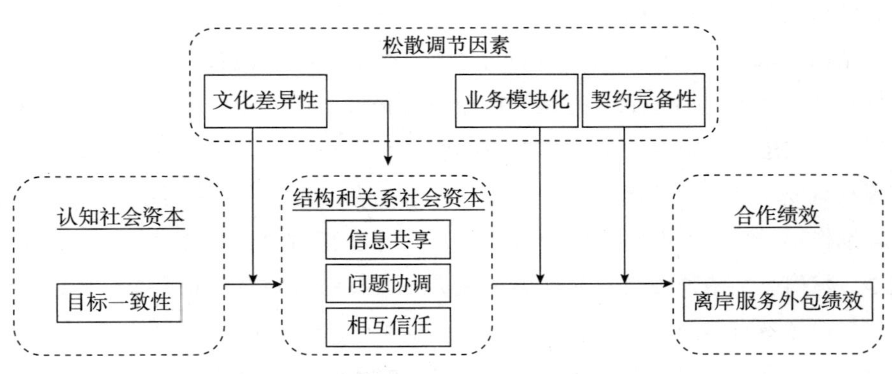

图 3-1　本书研究模型框架

第三节　假设提出

一、结构和关系社会资本与合作绩效

（一）信息共享与合作绩效

我们认为信息共享会正向影响离岸服务外包绩效。理由如下：

首先，信息共享使得外包合作双方（特别是接包方）能及时、快速和大量地获得对方的有用信息和要求，这无疑使项目完成的效率更高，并且更容易达到既定目标（Rodan & Galunic，2004；Im & Rai，2008；Carey et al. ,2011）。在具体的离岸服务外包合作过程中，发包方是市场终端用户的直接联络者，而市场变动性强是当前形势下的普遍状况，通过信息共享及时告知接包方最新的市场信息和顾客需求就变得非常重要。Yli-Renko 等（2001）就指出，更丰富和更多样的信息会帮助接包方及时升级操作流程、满足顾客最新要求。这样，离岸服务外包伙伴相互间的团结会提升它们各自的竞争力。Li 等（2010a）也指出，无论是技术规范还是顾客需求方面的信息共享都与更高的外包绩效紧密关联。

其次，信息共享为双方信息流通、资源共享和相互学习提供了坚实基础。信息共享对于离岸服务外包的接包方是一个重要的能力提升机会，特别是接包方在完成惯例型任务（Routine tasks）方面的能力（Rodan & Galunic，2004）。对于中国的接包方企业来讲，由于其进入全球市场的时间较短、自身技术积累也不够，通过与国外发包方进行的信息共享对于其快速进步，构建有竞争力的运营能力至关重要。近些年来，Li 等（2010c）、Li 等（2010d）、Palvia 等（2010）都基于离岸外包或相似情境探讨了中国接包方企业能力提升的问题，信息共享的学习机制在此间扮演的重要角色不应该被忽视。通过有效的信息共享，接包方能够构建和不断提升自身的 IT 能力、契约管理能力和关系管理能力，外包项目绩效也随之得到保证和提升（Palvia et al. ,2010）。

最后，信息共享也会帮助降低交易成本。一方面，密集、及时的信息共享能极大地消除信息不对称性（Information asymmetries），从而降低制定契约和随时调整契约来监督对方行为的成本。结合 Dyer（1997）和 Fang（2011）的研究，这种双方很了解对方想法的情况会使得双方拥有一致的知识基础，信息也便趋于对称，双方所了解的、看到的就是事情真相，从而不必担心对方的投机行为和自利行为。另一方面，信息共享还能及时消除误解、冲突等合作问题，从而避免发生更大的冲突或者更长时间的纠纷，这些都会对提升合作绩效产生积极影响。

总的来看，离岸服务外包双方的信息共享在促进外包绩效方面主要表现在如下几点：更低的合作成本、更少的质量问题和冲突行为、更及时的交付和沟通以及更满意的合作结果（Gulati，1998；Li et al.，2010a；Lawson et al.，2008）。

（二）问题协调与合作绩效

问题协调是这样一种合作行为：合作双方面对全新难题的深层次沟通、灵活性适应和改变，共同探求解决方案的过程。我们认为，合作双方的问题协调会正向影响离岸服务外包绩效。理由如下：

首先，探究新问题解决方案的过程容易带来创新成果。相较于简单的信息共享，问题协调给合作双方提供了深入探讨、交流和寻找创新答案的机会。通过深入的交流、讨论、分析，外包双方可以创造新的知识、方案和成果，而这对于知识密集度越来越高的离岸服务外包至关重要。Rodan 和 Galunic（2004）、Im 和 Rai（2008）都指出了组织间新问题解决这样一种合作探索行为会增强创新潜力，更有利于新技术和新能力的产生。

其次，问题协调会帮助外包合作双方应对有限理性，避免以往不成熟决策的继续。由于任务复杂性、关系不确定性以及环境不确定性的存在，外包合作不可能事先精准预测和妥善安排所有的流程，及时地补充和调整就变得非常关键。这一点对于离岸服务外包这种知识密集的跨国合作尤其关键。大量学者都指出了合作关系中伙伴双方及时分析和探讨问题的重要性（Srikanth & Puranam，2011；Tiwana，2008b；Morgan & Hunt，1994）。事实上，如果没有这种深入的合作连接方式，不论外包项目绩效还是合作关系都会面临极大的风险。

最后，相对于信息共享这样的简单沟通，问题协调能使得合作双方深入了解对方想法（包括对方的深层次愿景、能力和真诚度），进而在应对全新问题的过程中共享彼此的隐性（Tacit）专有知识。Tjosvold 等（2003）就曾指出，通过公开和建设性地共同探索新问题，合作双方能更深刻地理解彼此的能力和态度。事实上，通过问题协调的深层次沟通，离岸服务外包双方（特别是接包方）首先会消除掉诸多不理解的困境，从而直接帮助提升合作绩效。同时，共同深入地探索问题解决方案，使得合作过程更为透明，给双方伙伴都传递一种愿意将自己的专有知识暴露给对方的信号，双方也更有意愿和信心来应对难题（McEvily & Marcus，2005；Klitmoller & Lauring，2013）。诸多研究和媒体都报道过外包项目面临着诸多问题，而在这些问题项目中，接包方员工技术水平和处理问题能力的缺失占有很大比例。在这种情况下，问题协调提供给发包方面对面帮助和指导这些接包方员工的机会，进而降低更大的

合作失败风险，最终提升外包合作绩效（Narayanan et al.,2011）。

（三）相互信任与合作绩效

组织间相互信任是指一个企业相信其合作伙伴对自己是真诚（Honest）和仁爱的（Benevolent）（Zaheer et al.,1998）。由于信任会使得伙伴间沟通更容易，它也被视为是具体合作连接的重要基础。相互信任对外包合作绩效的促进作用体现在如下两大方面：降低交易成本和提升交易价值（Robson et al.,2008）。

第一，发包方和接包方的相互信任会帮助降低交易成本（Transaction cost）。Dyer 和 Chu（2003）就曾指出，相互信任的双方会在问题争论、利益争斗、相互监督以及意见统一等方面都花费较少精力和时间。Carey 等（2011）也曾指出，当企业能感知到对方对自己的善意和诚挚，他们就会避免过多参与诸如相互监督（Monitoring）和相互防护（Safeguarding）这种非生产性活动，从而节省成本并提升组织间合作绩效。此外，信任能降低复杂适应性所带来的高额成本。对于离岸服务外包合作而言，相互信任的双方不需要事事沟通，这样接包方会在必要的时候及时快速地处理一些新情况和新问题，这对于提升合作效率及有效性都至关重要（Uzzi，1997；Rai et al.，2012；Ribbink & Grimm，2014）。

第二，伙伴间的相互信任还会帮助提升交易价值（Transaction value）。一方面，正如 McEvily 和 Marcus（2005）指出的，信任使得双方相互更加开放。这样，无论是离岸服务外包的发包方还是接包方，都会更愿意共享自己的专有敏感知识（Zhang & Baden-Fuller，2010）。基于更为丰富的共同知识基础，外包双方在随后的合作过程以及业绩提升上都会表现得更好（Zhang & Baden-Fuller，2010；Cohen & Levinthal，1990）。另一方面，Sun 和 Lo（2014）就曾指出，相互信任会使得合作成员在尝试新事物和试错方面感觉更有信心。具体而言，相互信任会使合作双方对不确定性的容忍度提升，接包方会更有动力从事创新活动，积极辨认和发现新机会，从而提供高度有价值的解决方案。这些积极的创新探索对于提升离岸服务外包这样的知识密集型工作的质量至关重要（Wang et al.,2011）。

综上所述，我们提出如下假设：

假设 1：合作双方的结构和关系社会资本（包括信息共享、问题协调和相互信任）会正向影响离岸服务外包绩效。

二、业务模块化对结构和关系社会资本作用机理的调节

结构和关系社会资本对于离岸外包发包方有效地监督接包方以及保证外包项目顺利完成非常关键。特别是那些知识密集型、创新类的离岸外包项目，仅靠事先的

契约安排是不够的，及时的信息传递和交流是必要的。然而，这种密集、频繁和大量的信息交换会消耗大量的时间及精力。模块化的外包任务安排就可以帮助应对这个问题，它帮助降低了发包方—接包方密集交流、监督的必要性（Tiwana，2008b；Sanchez，1995），交易成本因此降低。这就是说，业务模块化会对信息共享在提升绩效方面的直接作用有替代效应，其会负向调节信息共享对合作绩效的正向作用。理由如下：

首先，在模块化理论构建之初，Sanchez（1995，1996）就明确指出，不同子系统（Subsystem）如果以模块化的方式搭配，就意味着事先规定好相互间界面（Interface）。业务模块化也便因此降低了各个子系统（离岸服务外包情境下即发包方业务和接包方业务）之间的相互依赖（Srikanth & Puranam，2011）。这样，在离岸服务外包情境下，外包给接包方的业务如果有调整和变动也不会轻易引起发包方其他业务的变动甚至整个业务或项目的受损。总的来看，就如 Tiwana（2008b）研究指出的，业务模块化使得接包方可以自主地完成所承担的业务，而不必在实施过程中与发包方密切沟通联系，发包方只需提前设计好接口、项目要求，然后验收结果即可。Lau 等（2011）就基于 Simon（1962）的讨论指出，由于知识整合需求下降，业务模块化下继续进行模块内和模块外的密集信息共享对于总体绩效的提升作用将会变得不明显。

其次，组织间业务模块化安排下，外包发包方不必担心接包方投机行为（如消极怠工、窃取本方未外包项目的专有知识等）带来的不确定性（Hoetker，2006），他们只需考察最终交付结果即可，不需要随时监督对方。信息共享作为一种重要的非正式监督手段在组织间合作中扮演着重要角色（Rai et al. ,2012），特别是对于离岸服务外包这种难以将业务流程标准化、正式化的合作则更为关键。模块化提供了 Sanchez（1995）所描述的备选嵌入协调机制（Alternative embedded coordination），不仅降低了发包方对接包方行为持续监督的需要（Tiwana，2008b），而且很好地应对了离岸服务外包难管理、变动大、创新要求高的问题。具体而言，对于接包方，业务模块化使其有极高动力自我管理、自我学习和探索，而不必与发包方密切交流就能很好地完成外包任务；对于发包方，业务模块化使其从信息共享这种烦琐的非正式控制机制中解脱出来，最终只需验证外包完成情况是否满足子系统之间界面接口的要求就可以了。

最后，在离岸外包合作中采取业务模块化，发包方既没有必要知道接包方的详细进展（Langlois & Savage，2001），也往往没有能力去知道接包方需要什么方面的信息。从“有没有必要”的角度，如果在采用了业务模块化之后还进行密集的信息共享，这会加大管理和运营成本。基于 Schilling（2000）、Sanchez 和 Collins（2001）以及 Lau 等（2011）的讨论，模块化的管理方式已经对公司前期设计方案方面提出了极大的挑战：外包发包方和接包方需要进行深入讨论和沟通，确定具体的模块功能、接口规则等关键要素。如果他们还需要在合作过程中密切沟通，前期的诸多努力加上后期的协调机制，整个合作过程就变得极为冗余（Redundant），交易成本也因此大大上升（Tiwana，2008b；Srikanth & Puranam，2011）。然而从“有没有能力”的角度，接包方在接包模块化任务之后会拥有很大的自主性，他们会自主建立起一套流程、知识体系来完成这个项目，这些本来就是独立的模块且拥有特定的安排，发包方如果试图在过程中及时沟通信息很可能困难重重。

综上所述，业务模块化已经替代了信息共享在提升外包合作绩效中所扮演的知识整合、过程控制以及发包方对接包方指导三个方面的角色，使得信息共享对外包合作绩效的正向作用下降，故我们提出如下假设：

假设 2：业务模块化会减弱信息共享对离岸服务外包绩效的正向作用。

与对信息共享与外包合作绩效直接关系的调节作用不同，业务模块化会增强问题协调与外包合作绩效的正向关系。理由如下：

首先，业务模块化下，外包合作双方其实是弱连接的状态，接包方基本上是独立完成所承担的任务模块、使用专属的技术和管理手段并逐步建立他们的专有知识（Langlois & Savage，2001）。具体而言，业务模块化会帮助接包方企业建立对其所承担模块的责任感（Lau et al. ,2011），接包方因此会致力于完善所需技术并建立针对所进行项目的知识体系（Sun & Lo，2014）。基于这种特有且与发包方异质的知识基础，接包方更容易产生建设性的提案，发包方也更容易从“局外人”的角度给出客观评价，从而共同创造全新的知识（Wang & Chen，2010；Sun & Lo，2014）。因此，在业务模块化下进行探索型问题解决更容易直接提升绩效表现，是合作创新、提升合作成果竞争优势的一个重要方面。

其次，业务模块化的灵活属性表现在：基于安排好的界面，合作双方可以通过尝试不同的组合来做出最优选择（Mikkola，2006；Lau et al. ,2011）。具体来讲，发包方所设计的界面、要求只是一个结果，接包方可以有不同的方案来满足这个接口。通常，接包方可以有不同的具体过程来实现这个结果。这个时候，双方基于新问题解决的探讨就更容易为合作绩效带来帮助。一方面，双方可以商量具体采用哪个方案来实现这个结果，避免接包方单方面无法做出足够理性、客观的判断；另一方面，接包方的不同方案与发包方主模块进行连接的时候会产生出更多的创新和想法，进而促进合作绩效，这在以往实践中曾有大量成功案例（如索尼的 Walkman）。

最后，业务或任务模块的接口设计对于发包方是一个挑战，对于合作更是一个潜在的问题。由于有限理性（源自行为不确定性、任务复杂性以及环境不确定性）的存在，离岸外包发包方不可能将业务模块化的所有问题都考虑到位，诸多需要解决的问题是无法提前预测的。在具体合作的过程中，外包双方就有必要通过适时的问题解决来调整其模块接口，避免问题发现得太晚，降低模块化合作失败的风险。Terjesen 等（2012）探讨了组织间合作情景下，业务模块化会提升行为整合的重要性，其重要性特别会在应对高度不确定的时候显现。这里，我们提出业务模块化会带来及时评估和修正的需要，问题协调此时变得非常关键，对合作成功发挥着重要的作用。

综上所述，我们提出如下假设：

假设 3：业务模块化会增强问题协调对离岸服务外包绩效的正向作用。

业务模块化会增强伙伴间信任对外包合作绩效的正向作用。理由如下：

首先，相互信任有一个潜在的问题——“没有怀疑的相信”（Trust without suspicion），这会导致监督、防范、警惕意识的下降，从而给合作过程中的投机行为创造了一定空间（Molina-Morales et al.，2011；Villena et al.，2011），进而损害合作绩效。然而业务模块化则通过避免对过程监督、对投机行为防范，帮助相互信任更好地促进合作绩效。具体而言，离岸外包发包方通过业务模块化就可以避免设计详细的准则和条例来规范接包方的做法。尽管对接口的设计和对结果的管控是必要的，但过程当中的监督、烦琐的流程必然会减少（Tiwana，2008b），伙伴间相互信任带来的过程监督意识下降也不再是一个问题，其对合作绩效的促进作用会更强。

其次，相互信任会提升离岸外包发包方对接包方专业能力、合作诚意、信誉的相信程度，从而有信心让接包方负责而不必投入太多精力去监督和考察对方（Molina-Morales et al.，2011；Villena et al.，2011），这在业务模块化下尤其关键。具体而言，非业务模块化下的信任水平如果不够高，可以通过及时互动来监督对方行为和消解己方担忧；而业务模块化下，标准化的接口、基本封闭的过程使得及时互动、监督变得多余，只有高水平的相互信任才能使得发包方对该离岸外包合作关系充满信心，从而让接包方全权承担该模块，否则合作关系破裂的风险很大，合作绩效也得不到保证。此外，非业务模块化下的信任水平如果不够高，发包方可以通过及时沟通、鼓励来激发接包方的创新行为；而业务模块化下，标准化的接口、基本封闭的过程使得发包方无法完全地参与到接包方探索、创新活动中，高水平的相互信任对于接包方在其所承担的项目模块内全力探索新知识的激励作用就尤其重要，进而更显著地提升外包合作绩效。

综上所述，我们提出如下假设：

假设 4：业务模块化会增强相互信任对离岸服务外包绩效的正向作用。

三、契约完备性对结构和关系社会资本作用机理的调节

契约（正式）治理和非正式治理在提升合作绩效上是互补还是替代关系？已有大量文献对该问题进行了探讨，并分为两派：互补派和替代派。前一种以 Poppo 和

Zenger（2002）、Carey 等（2011）、Li 等（2010a）、Liu 等（2009）为代表，他们最早对这两种治理方式的相互关系进行了探讨，并得出二者是互补的结论。后一种以 Benaroch 等（2010）、Rai 等（2012）、Wang 等（2011）、Ghoshal 和 Moran（1996）为代表，认为一种会代替另一种的角色甚至相互有冲突不可同时使用。本书则结合 Uzzi（1997）和 Rai 等（2012）的提法，将信息共享、问题协调和相互信任共同作为非正式治理机制的内容，而不仅仅包含相互信任一个构件。进一步地，本书将在离岸服务外包的组织间合作关系情境下，探讨契约完备性对这三种非正式治理机制与外包绩效直接关系的调节效应。

契约完备性会增强信息共享对外包合作绩效的正向作用。理由如下：

首先，契约完备性对外包合作过程中的总体目标、实施流程和结果考核等诸多事项都做了详细阐述，这会使得信息共享在提升外包绩效的过程中更有方向性，操作过程变得更有效。较为完备的契约会对接包方的行为不确定性（如自利行为、消极怠工现象等）都产生直接的消减作用（Lumineau，2014；Schepker et al.，2014）。对于行为不确定性，当发包方知道接包方的行为都在契约安排之下，而自身的利益也会得到保护，他们会更明确如何与对方分享自身的技术知识、管理知识以及市场信息。然而对于接包方企业，他们也会按照契约的规定进行任务安排和流程管理，并更好地向发包方报告项目的最新进展和面临困难。Schepker 等（2014）以及 Arranz 和 de Arroyabe（2012）就曾指出，由于完备的契约不仅会提供一个合作和调整的指导性框架，合作双方在多种状况下的行为（如果沟通和回报）更会得到这种框架的引导和规范，这种有效的信息共享过程显然会更好地提升合作绩效。

其次，契约完备性下不理解、冲突、不公平等问题会变少，双方合作中失调的（Dysfunctional）和多余的（Redundant）信息共享会减少，高效的信息共享也更容易提升外包绩效。一方面，如果没有较为全面、细化的契约，外包双方在具体的合作过程中会发现相互间有太多的问题（目标、规则和程序）需要沟通（Malhotra & Murnighan，2002；Li et al.，2010a），难免产生任务冲突甚至关系冲突。完备的契约避免了很多利益、任务实施方面的冲突，使得相互信息共享中少了这些非生产性（Nonproductive）甚至是破坏性（Destructive）的活动，高效的信息共享也更容易提升绩效而非增加成本。另一方面，完备的契约会事先对诸多情况做出说明，双方不必再就这些基本问题进行沟通，从而将节约的时间和精力放到重要任务的处理上。换句话讲，完备的契约框架下，发包方和接包方的信息共享更有方向性，双方（特别是接包方）沟通过程中不会出现信息过载而超出信息处理能力的范围，进而更好地促成外包合作成功（Koka & Prescott，2002）。

综上所述，我们提出如下假设：

假设 5：契约完备性会增强信息共享对离岸服务外包绩效的正向作用。

契约完备性会负向调节问题协调对外包绩效的正向影响。理由如下：

首先，问题协调对外包合作绩效的主要贡献在于寻找全新方案、带来创新成果，契约完备性则不利于这一优势的发挥。一方面，这类活动的主要特征之一是不确定性，包括过程不确定和结果不确定（He & Wong，2004；Arranz & de Arroyabe，2012）。契约制定的完备性则会构建诸多规则、条例，进而极大约束了合作行为中的变动性、灵活性和可调整性（Srivastava & Teo，2012），这显然减弱了问题协调在提升外包绩效过程中应有的角色和地位。Liu 等（2009）就曾指出，通过避免机械式、条款式的合作治理，伙伴企业的探索类、创新类活动更有可能发挥其应有的作用，帮助创造更高水平的价值。

其次，契约治理是基于经济视角进行的组织间关系管理，它包含一个假定：任何组织或个人都是自利的（Self-interest）（Srivastava & Teo，2012）。这种假定会使得合作双方都忌惮对方的投机行为，进而不会在问题协调过程中深入、开放地分享各自的知识，问题协调对于外包合作绩效的提升作用也大打折扣。由于问题协调包含大量隐性知识（McEvily & Marcus，2005），而高水平的契约完备性会使得合作关系过于“交易化”，甚至产生“不信任感”（Wang et al.，2011），问题协调本应达到的“深度”和“坦诚度”无法实现，对外包合作绩效的促进作用也因此降低。

最后，契约完备性的建立本身需要极大成本，问题协调也是。Rai 等（2012）就指出，基于问题解决的关系治理机制会削弱契约治理对于合作成功的必要性。反过来，契约完备性的建立也会降低问题协调在提升合作绩效中的重要地位，原因就在于前者已经耗费大量精力，为的就是避免后面各种问题的发生。这个时候，外包双方如果继续进行高水平的共同问题探讨所带来的巨大交易成本将不利于绩效提升。

综上所述，我们提出如下假设：

假设 6：契约完备性会减弱问题协调对离岸服务外包绩效的正向作用。

契约和信任的关系，当前大量研究分为互补观（Complementarity view）和替代观（Substitution view）两类（Carey et al.，2011；Rai et al.，2012；Cao & Lumineau，2015）。替代观认为信任机制会代替正式契约的作用（Dyer & Singh，1998；Gulati，1995；Rai et al.，2012）。替代观的支持者指出，信任会降低监督和保障交易的需要，从而使建立完备契约的必要性下降。相反，互补派的支持者认为，契约通过详细规定伙伴双方的角色和职责，提升了他们对合作关系的信心，进而增强了合作质量（Liu et al.，2009；Luo，2002；Poppo & Zenger，2002）。

契约完备性会增强伙伴间信任对外包绩效的正向作用。理由如下：

首先，伙伴间信任在应对投机行为方面并不十分有效，这一缺陷会得到契约完

备性的补充。完备的契约会规定外包双方的合作细则，而信任只能控制关系交易中的社会因素（Chaserant，2003），因此契约完备性扮演着一份保障：通过事先规定交易细节而帮助监督过程和行为。Granovetter（1985）就曾指出，伙伴双方的相互信任程度越高，一方从不正当渎职行为（Malfeasance）中获得的潜在收益就越大。因此，单独依赖信任会导致合作成员陷入信任带来的盲目自信陷阱当中，反而给了另一方以滥用职权和谋私利的机会（Granovetter，1985；Dyer & Singh，1998）。Yang 等（2012）也指出，完备的契约可以降低信息不对称性，为信任对合作绩效正向作用的发挥打造一个公正、公开和透明的氛围。

其次，完备契约对合作过程提供的明晰而具体的指导会帮助信任更好地促进合作绩效。契约可以为外包合作提供保障机制，进而使得双方更好地制定规划、监督进程和衡量绩效（Carson et al. ,2006；Mayer & Argyres，2004）。契约完备性可以帮助阐释清楚各方的职责、权利，提升发包方和接包方的承诺水平（Jap & Ganesan，2000），并促使与绩效目标（如产品质量、过程发展、生产周期和产品成本）相关的假定能够规章化。尽管契约完备只是一个相对的概念，但比较完备的契约可以通过与成本相关不确定性的降低，而支持信任作用的发挥。Mahnke 和 Serden（2006）就曾指出，对不确定性的深刻理解在利用关系治理来帮助组织间合作成功方面发挥着重要作用。越完备的契约，与成本、与创新结果相关的期许和责任就会越明确，这会弥补信任对合作过程和合作行为指导比较模糊、不直接的缺陷，从而帮助其更好地提升合作绩效。Cao 和 Lumineau（2015）也指出，详尽且明晰的契约可以使得合作双方信心大增，为信任的作用发挥打下坚实基础。

综上所述，我们提出如下假设：

假设 7：契约完备性会增强相互信任对离岸服务外包绩效的正向作用。

四、前因、结构和关系社会资本与绩效

作为认知社会资本的核心维度，目标一致性是指合作双方对所进行活动的操作流程、整体目标理解的一致程度，进而推动交易关系和具体合作项目的稳步推进（Li et al. ,2010a；Tsai & Ghoshal，1998）。目标一致性对于信息共享和问题协调的正向作用如下：

首先，当离岸服务外包双方（发包方和接包方）有一个共同、一致的目标时，说明他们对该交易关系为何存在以及如何合作有一个充分的认识（Villena et al. ，2011）。在这种情况下，目标一致性就可以起到对具体合作行为（包括信息共享和问题协调）的指导作用（Yan & Dooley，2013），包括常规性（Routine）的信息传递和非常规性（Non-routine）的问题协调。

其次，由于目标一致性是指双方对于完成共同任务的目标兼容性和一致性（Li et al.，2010a）。这样，目标一致性就能有力协调双方的利益（Yan & Dooley，2013），伙伴双方因而会意识到该合作关系会同时提升彼此的竞争地位（Competitive positions），进而都会积极主动地发表观点、分享专有技术、共同积极应对问题和探讨突破之道（Luo，2006；McEvily & Marcus，2005；Li et al.，2010a）。换句话讲，伙伴双方的一致目标会消减彼此的敌对心理，进而促使他们互相转移知识和联合解决难题。

最后，就如 Krause 等（2007）所说，目标一致后，双方的交流可以帮助对问题、冲突进行正确解读，而不是陷入冲突甚至激发投机倾向，从而有力地促进了合作过程。Luo（2006）就指出，目标一致与否会决定伙伴双方是以互利互惠行为为主还是较多实施投机自利活动。具体而且目标不一致，双方信息共享会面临诸多交易困境和不确定性，容易陷入功能失调的活动中（如关系冲突、滥用职权和投机）。

目标一致性对伙伴间信任正向作用的主要影响是：目标一致性消除了双方的利益冲突，帮助建立了对合作关系的信心和良好预期，这会直接提升双方的相互信任水平。有学者就指出，两个合作伙伴之间的信任关系是建立在共同的目标和价值观上的。Coleman（1988，1990）也指出相互信任来源于环境中的规范明晰和“搭便车”风险低。Nahapiet 和 Ghoshal（1998）则指出，由于伙伴各方认可和遵从一致的想法，目标一致性会衍生相互信任。Adler 和 Kwon（2000）指出，如果合作双方都不能很好地理解对方，关系信任是不可能得到建立的。Carey 等（2011）也指出，目标一致的双方由于期待通过共同目标得到互惠的结果，会倾向于信任对方。

综上，这里提出如下假设：

假设 8：目标一致性正向影响外包合作双方的结构和关系社会资本（信息共享、问题协调及相互信任）。

文化差异性是跨国企业间合作普遍面临的问题，也是离岸服务外包合作普遍要应对的难题。Lewin 和 Petters（2006）就曾指出，发包方—接包方间的文化差异是离岸外包合作中面临的最大挑战之一。Clampit 等（2015）也指出，离岸服务外包双方文化差异对合作行为以及合作绩效的影响尚缺乏深入研究。这里指出，组织间文化差异性对于结构和关系社会资本（信息共享、问题协调和伙伴间相互信任）是直接负向影响，理由如下：

首先，基于交易成本理论，组织间文化差异将会促发投机行为（Opportunistic behaviors）。交易成本理论对投机行为描述如下：合作关系中的成员通过一些欺瞒的手段来达到自身利益的最大化，且这种行为是建立在损害对方利益基础上的。Williamson（1991）就曾指出，信息不对称性、行为不确定性和环境不确定性都会提升合作各方的投机倾向。具体而言，投机行为的发生概率将取决于这类行为是否容易被检测到（Waldman & Jensen，2007）。诸多文献都指出，文化差异较大的合作双方更难以理解对方的行事规范，对手是否在实施投机行为随即变得难以被发现（Bagozzi et al. ,2003）。这样，由于文化差异给投机行为提供了空间，合作一方有可能以不确定性作为借口，而设计诸多“利己”但“损人”的操作方案（Ribbink & Grimm，2014），双方的信息共享、问题协调以及信任均会受到损害。

其次，基于关系观（Relational view），文化差异性会促使合作双方都设置障碍以阻止自身知识被转移，进而阻碍问题协调这样的知识（特别是隐性知识）密集的合作行为以及降低信任水平（Larsson et al. ,1998；Fang，2011）。诸多学者就研究发现，文化差异性导致的冲突和不理解会负向影响合作伙伴间信息的流动和整合。还有很多文献都曾指出，相互做事风格、规范上的差异和距离都会使得伙伴双方合作意愿下降，倾向于保护而非开放，防范而非信任（Nielsen & Gudergan，2012）。

最后，文化差异会导致诸多理解偏差和误解，这会给结构和关系社会资本的构建造成极大干扰。在发包方和接包方企业文化差异下，合作双方不仅在谈判方面，在特征、信条和行为方面都会有诸多不一样。Gelfand 和 Christakopoulou（1999）就发现，文化差异所体现的多方面不一致会导致认知偏误。Nielsen 和 Gudergan（2012）也指出，文化差异导致的不理解会使利用类合作（如信息共享）和探索类合作（如问题协调）进行起来都很困难，相互信任水平也同样大打折扣。

综上，这里提出如下假设：

假设 9：文化差异性负向影响外包合作双方的结构和关系社会资本（信息共享、问题协调及相互信任）。

基于以上讨论，本书还进一步提出结构和关系社会资本在前因（目标一致性和文化差异性）和结果（离岸服务外包绩效）之间扮演中介的角色。

现有研究已经分别探讨了目标一致性和文化差异性对合作绩效的直接作用。Krause 等（2007）就实证检验了目标一致对绩效的直接正向作用，目标一致帮助合作双方对任务完成、努力方向都有明确的认识，从而使成本、质量、交付和灵活性等方面的绩效指标都显著提升。Yan 和 Dooley（2013）则在组织间合作层面探讨并验证了目标一致性对共同新产品开发绩效的直接促进作用。Ribbink 和 Grimm（2014）也实证检验了组织间文化差异性对于合作双方共同收益的直接负面影响。然而，这些研究的立论依据其实是包含了通过影响具体的嵌入行为而作用到绩效的。

本书指出，结构和关系社会资本在前因和结果之间扮演着重要的转换机制，是前因的优势或劣势的具体体现。Zheng（2010）就通过综述相关文献指出，目标一致性之所以会被一些文献发现对绩效没有直接作用，其原因可能来源于信任等机制的同时出现。Li 等（2010a）也详细探讨了目标一致对知识转移的正向影响，并认为知识转移才是绩效提升的直接因素。Lavie 等（2012）就指出，组织间文化差异会通过具体的关系嵌入、相互信任而间接损害合作绩效。基于这些研究以及前面章节对分段关系（前因到结构和关系社会资本、结构和关系社会资本到绩效）的讨论，本书指出目标一致性或文化差异性对合作绩效并非直接作用，而是它们通过信息共享、问题协调和伙伴间信任的中介间接作用于合作绩效。

综上，这里提出如下假设：

假设 10：结构和关系社会资本在前因（目标一致性和文化差异性）与结果（离岸服务外包合作绩效）之间扮演中介的角色。

五、文化差异性对认知社会资本作用机理的调节

文化差异性对目标一致性和合作绩效直接关系的正向调节效应已有研究（Yan & Dooley，2013），文化差异性对一致目标战略和绩效直接关系的负面调节效应也有研究（Ribbink & Grimm，2014），而目标一致性扮演正向调节变量的文献也已有探讨（De Clercq et al.，2011）。基于已有研究，文化差异性如何调节目标一致性对具体合作行为的直接作用尚待讨论。这里认为文化差异性会增强目标一致性对信息共享的正向作用。理由如下：

首先，组织间文化差异会使得合作双方有更多的信息处理需求，进而促使双方基于目标一致性引发的较强知识共享意愿而参与更多的信息共享行为。Larsson 等（1998）就曾指出，交易伙伴建立一致目标的时候，他们会倾向于让对方广泛获取自身的知识。如果目标一致的双方发现彼此文化距离较大，他们会基于一致的利益基础积极地了解彼此的规则、规范，因而促发更多的信息共享行为。相反，目标一致的双方如果也拥有相近的文化基础，他们的信息共享行为会因为缺乏需求而大打折扣。

其次，目标一致的合作双方会知道如何向对方靠拢，这一优势在组织间文化差异的情境下会得到极大发挥。换句话讲，文化不同的双方会基于一致的目标对知识进行有效整合。目标一致性帮助建立了一个"主导逻辑"（Dominant logic），即基本清楚如何开展合作和共享知识（Lane & Lubatkin，1998）。这一主导逻辑帮助建立了信息处理的能力：哪些知识对于某一个特定流程非常重要？如何将不同知识以一个高效的方式组合起来（Lane & Lubatkin，1998）？总之，文化差异性的存在使得目标一致性对信息共享正向作用中的指导机理得到更好发挥，增强了其对信息共享的正向作用。

最后，相对于其他合作活动，信息共享通常包括一些比较普通的、日常的、非公司机密的知识，外包合作双方（特别是发包方）也不必特别担心文化差异性下的

随意挪用（Misappropriation）问题。这样，文化差异性带来合作动机弱的问题在信息共享这样的合作活动上不会凸显，反而由于带来了很高的信息共享需求，目标一致性因此会更好地帮助合作双方进行信息共享。

综上，这里提出如下假设：

假设 11：文化差异性会增强目标一致性对信息共享的正向作用。

与上面的假设不同，本书提出文化差异性会负向调节目标一致性对问题协调的正向作用。理由如下：

首先，组织间文化差异带来的合作意愿下降以及随意挪用风险对信息共享的负面影响可能不大，但是对于问题协调的负面影响则大很多，而这是目标一致性无法帮助应对的。这是因为，问题协调涉及很多隐性知识和重要知识（Uzzi，1997；McEvily & Marcus，2005），文化差异的时候，伙伴企业对让对方得到这些知识进而随意挪用的忌惮程度会提升，从而降低进行问题协调的可能性和该类活动开展的有效性。目标一致性只能保证合作双方在任务安排、利益分配方面的和谐，但对文化差异带来的隐性知识挪用风险并不能提供明显帮助，因为对当下活动的一致认识并不能保证对方在之后会不会外泄和私自使用这些复杂的专有知识。

其次，目标一致性对于指导问题协调这样的探索类合作活动存在一定缺陷。Simsek 等（2003）就基于 March（1991）的探讨指出，目标一致会负面影响一些创新类活动，导致合作双方对多种情况考虑不周，从而降低提出和解决新问题的能力。尽管学者们指出，对于外包合作双方，目标一致性会使双方更明白如何把事情做好，进而积极展开具体合作（Tsai & Ghoshal，1998；De Clercq et al.，2011）。然而，潜在的危机就是：问题协调无法得到一致目标的直接指导，而文化差异性的存在只会使得情况更为复杂，使双方的不理解、冲突加剧，更加难以开展问题协调这样的探索类活动。这样，目标一致性在探讨新问题上的指导缺陷不仅没有得到弥补，反而受到损害，问题协调的效率和效果只能大打折扣。

综上，这里提出如下假设：

假设 12：文化差异性会减弱目标一致性对问题协调的正向作用。

基于社会资本理论以及关系观，组织间目标一致性会帮助建立合作规范和提升相互信任水平，而交易成本观却告诉我们文化差异性会降低信任水平。

已有大量文献探讨了文化相似性或者文化差异性对信任建立的直接影响（Ribbink & Grimm，2014；Lavie et al.，2012；Carey et al.，2011；Robson et al.，2008）。诸多学者也指出，相似的文化基础会转换成一致的看法和期望，进而帮助建立信任。Morgan 和 Hunt（1994）也指出，共享的价值观会促进信任的构建。反过来，在一个跨国的组织间合作关系（如离岸服务外包）下，行为规范、价值观等的差异会导致建立信任很难（Ribbink & Grimm，2014）。

对于离岸服务外包，接包方企业和发包方企业处于不同的文化背景，尽管有个体差异但国家文化差异也是组织文化差异的一部分。Ueltschy 等（2007）就曾指出，来自高背景文化的企业更重视信任，来自低背景文化的企业则更重视契约。Takahashi 等（2008）则指出，集体主义文化的组织对于外来文化的企业更容易产生投机行为。Curall 和 Inkpen（2002）强调了文化与信任关系的理解。对合作双方文化的深入理解会帮助衡量风险，包括投机主义的威胁。相反，文化差异性带来的投机威胁下，通过一致合作目标建立的相互信任显然会大打折扣（Morgan & Hunt，1994）。

基于上述讨论，文化差异性对相互信任建立的负面效应如此之强，那么当目标一致性和文化差异性共同出现的时候，文化差异性如何影响目标一致性与相互信任的直接关系呢？这里，结合 Connelly 等（2012）的探讨，当正面激励和负面激励因素同时出现的时候，人们的情感总是更容易受到负面信息的影响，即负面信息左右了其对合作伙伴的情感评价。这里也指出，尽管目标一致性会提升伙伴双方的信任水平，但文化差异性带来的诸多负面激励导致这一正向作用完全被掩盖。因此，本书指出，当组织间目标一致性和文化差异性同时出现的时候，文化差异性的负面影响占了主导地位，使得外包合作双方相互猜忌、忌惮和防范，相互信任水平降低。

综上，这里提出如下假设：

假设 13：文化差异性会减弱目标一致性对相互信任的正向作用。

第四节　小结

在本章中，首先通过现场访谈确定了以发包方—接包方之间的社会资本为实证研究对象。随后，本书分别阐述了外包合作绩效、结构和关系社会资本（包括信息共享、问题协调和相互信任）、业务模块化、契约完备性、认知社会资本（即目标一致性）和文化差异性等相关构件的定义和内涵，并基于松耦合理论和社会资本理论的研究视角具体分析了紧密因素（组织间社会资本三维度）和松散因素（业务模块化、契约完备性和文化差异性）共同对离岸服务外包绩效的复杂影响。在建立理论模型的基础上，本书基于相关理论、文献、逻辑推演等方式，详细分析了：①认知社会资本（即目标一致性）和文化差异性通过结构和关系社会资本（包括信息共享、问题协调和相互信任）的中介作用间接影响外包合作绩效的内在机理；②组织间业务模块化对结构和关系社会资本与外包合作绩效直接关系的复杂调节作用；③组织间契约完备性对结构和关系社会资本与外包合作绩效直接关系的复杂调节作用；④文化差异性对认知社会资本与结构和关系社会资本直接关系的复杂调节作用。

本书假设检验归纳为如表 3-3 所示。

表 3-3 本书假设检验归纳表

假设	假设内容
H1	合作双方的结构和关系社会资本（信息共享、问题协调和相互信任）会正向影响离岸服务外包绩效
H2	业务模块化会减弱信息共享对离岸服务外包绩效的正向作用
H3	业务模块化会增强问题协调对离岸服务外包绩效的正向作用
H4	业务模块化会增强相互信任对离岸服务外包绩效的正向作用
H5	契约完备性会增强信息共享对离岸服务外包绩效的正向作用
H6	契约完备性会减弱问题协调对离岸服务外包绩效的正向作用
H7	契约完备性会增强相互信任对离岸服务外包绩效的正向作用
H8	目标一致性正向影响外包合作双方的结构和关系社会资本（信息共享、问题协调及相互信任）
H9	文化差异性负向影响外包合作双方的结构和关系社会资本（信息共享、问题协调及相互信任）
H10	结构和关系社会资本在前因（目标一致性和文化差异性）与结果（离岸服务外包合作绩效）之间扮演中介的角色
H11	文化差异性会增强目标一致性对信息共享的正向作用
H12	文化差异性会减弱目标一致性对问题协调的正向作用
H13	文化差异性会减弱目标一致性对相互信任的正向作用

第四章　研究方法

为了检验上一章中所提出的概念模型和假设，本书进行了实证检验，本章就是具体研究方法的介绍：首先是问卷设计和数据收集过程的介绍，其次是本书所选取测量指标及文献依据的简介，最后介绍了验证所提模型和具体假设所需要用到的统计方法。

第一节　样本与数据收集

一、问卷设计

在问卷调研中，问卷设计是极为关键的一个环节。本着学术界的通用原则，我们的问卷设计过程如下：

首先，通过前期一年多（2009 年 5 月到 2010 年 8 月）的广泛文献搜寻、组会讨论以及实践调研，我们研究团队总结和筛选出所需的原始英文参考量表。由于当前组织间社会资本和离岸外包的理论研究主要来自英文文献，本书主要基于英文相关文献进行变量的指标设计，并根据离岸外包的实际情况对指标进行了加工和改进，进而保证所用量表更适合本书的研究背景。值得注意的是，本书涉及的构件全部都是成熟指标基础上的修改和完善，并没有开发全新构件。

其次，根据已有研究课题的前期构思（国家自然科学基金“离岸 KPO 客户服务质量治理机制研究”，基金编号：71172128），最终设计了问卷的整体框架，即研究哪些模块的管理实践，并由国际知名管理学者 Yadong Luo 教授参与讨论和修订，最终得到初步的研究问卷。

再次，由四位工商管理相关研究领域的博士生将这些原始英文量表翻译成中文，且保证每一个量表至少由两个以上博士生翻译，以便后期进行比对、核查。这样的工作保证了问卷所用指标能够表达准确、流畅。我们于 2010 年 6 月对八家位于西安软件园的离岸服务外包接包企业进行了预调研，随后根据预调研中接包方企业反馈的意见修改完善了问卷。

最后，在完成了以上工作之后，结合离岸服务外包行业的具体情况和以往调研的经验，并结合国内企业的实际情况以及问卷填写人的接受理解能力，在问卷的排放顺序、问题的提问方法以及回答问题的方式等方面对问卷进行了调整。为了避免由于问卷编排导致问卷填写人对题项作出不准确的回答，保证问卷填写的有效性，这里采用了如下措施：第一，问卷是结构化的，分填空题和选择题两个类型，选择题均采用李克特七点量表。同时，由于问卷涉及企业间社会资本、业务模块化、契约、文化、绩效等多个不同方面，本书将不同类型的问题归为大类和小类，便于问卷填写人理解和使用。第二，采用关键信息员的方法，要求企业中熟悉相关问题的中高层管理人员来填写，以确保问卷填写人知道所提问问题答案的相关信息。第三，为了解决问卷填写人熟知相关信息但由于某种原因不愿意如实填写的自愿性问题，本次研究在问卷题头上明确承诺为调研企业保密，保证所搜集信息不会透露给其他任何组织或个人，仅用于宏观统计分析，不涉及对个别企业的案例研究。同时，还承诺，如果问卷填写人有相应需要，我们愿意将本次调研的研究结果与其分享。通过这些工作，可以使问卷填写人员理解调研目的，消除其对调研的排斥心理，提高参与调研的积极性。第四，为了帮助问卷填写人准确、有效地理解问卷并填写，本书每一份问卷都附上了详细的填写说明，做出指导，全面解释应该如何填写这份问卷。

二、样本选取与调研过程

本书使用的数据全部来自问卷调研，样本来自于西安、苏州和大连三个城市中承接离岸服务外包的企业。选择这三座城市在中国离岸服务外包行业中极具代表性：①苏州、大连和西安都属于服务外包国家示范基地城市，是我国最早一批开展离岸服务外包的城市，同时，苏州工业园、大连软件园和西安软件园在中国服务外包园区十强评选中均居于前列，因此这三座城市能够较好地反映中国离岸服务外包行业的发展现状。②在承接离岸服务外包业务中，这三座城市分别侧重于不同国家和地区的客户。具体说来，苏州主要接包欧美业务，而大连主要是承接日韩业务，西安则二者兼而有之，这样，从这三地收集的数据覆盖面更广，从而更好地反映出当前离岸服务外包的客户现状。③从地理分布上看，西安、苏州和大连分处于西北部、东南部和东北部，地理跨度较大，也反映了较好的区位代表性。

我们的团队于 2010 年 9 月到 2011 年 5 月期间陆续在西安软件园、苏州工业园和大连软件园开展了问卷调研。首先，我们从西安软件园、苏州工业园和大连软件园随机抽取了 900 家接包方企业，这些企业名单是由当地园区管委会提供的。其次，我们通过电话、邮件等方式与这些接包方企业取得联系，并询问他们近些年是否承接过离岸服务外包项目，在当地园区管理委员会的帮助下，719 家企业予以回应，其中

298家接包方企业表示近期交付过离岸服务外包项目。因此，这298家企业成为我们数据收集的目标样本。然后，由八名工商管理学博士生对这298家接包方企业逐一拜访，鼓励其参与问卷调研，141家接包方企业表示同意参与。最后，我们收集到了254个离岸服务外包项目的相关数据，在剔除一些不完整及不匹配的问卷后，我们从133家接包方企业获取了235个离岸服务外包项目的最终样本。问卷的有效回收率为44.6%，鉴于离岸服务外包行业内普遍存在的信息保密方面的顾忌，该回收率是比较高的。

我们要求接包方企业针对已交付三个月以上的离岸服务外包项目填写问卷，根据企业实际情况的差异，每个接包方企业选择了1~6个离岸服务外包项目。同时，针对每个离岸服务外包项目，我们要求由两个不同的关键信息人员分别填写问卷，现有文献指出这样可以减少共同方法偏差（Podsakoff & Organ，1986）。我们检验了评分者间信度（Inter-rater reliability），各个题项之间的相关系数显著。因此，我们针对同一项目的两份问卷中的各个题项求平均值，用于之后的分析中。

我们采用了经典的关键信息员检验方法，对问卷填写人员进行了检验，以确保他们足够了解所调研的内容。其中，84%的问卷填写人员是经理或者项目的参与者（见表4-1）。经检验，这些问卷填写人员在本企业中平均工作年限为3.9年，这在人员流动较高的外包行业中属于比较长的时间。此外，90.1%的问卷填写人员拥有学士或者硕士学位，这保证了他们对问卷中各个问题和题项的充分理解。

表4-1　关键信息员资格

信息员职位	百分比（%）
CEO	4.3
总经理	5.5
部门经理	12.3
项目经理/负责人	29.4
软件工程师	17.2
研发人员/技术专家	15.3
其他（客服、助理等）	16.0
合计	100.0

三、调研数据的基本特征

本书中数据分析的基本单位为项目层面。在完成问卷的录入以及对总体数据的检验以后，首先分析了数据的基本信息，包括：项目持续时间、项目类型、接包方企业所有制结构以及数据来源地等方面。如表 4-2、表 4-3、表 4-4、表 4-5 所示，收集到的数据涵盖了各种类型的企业和项目，这表明本书中使用的样本具有良好的代表性。

（一）项目持续时间

表 4-2　被调研项目的合同持续时间

合同持续时间	百分比（%）
≤3 个月	6.0
3~6 个月	18.7
6~12 个月	25.1
1~2 年	16.6
2~3 年	11.1
3~5 年	12.3
>5 年	10.2
合计	100.0

如表 4-2 所示，被调研的离岸外包项目，其合同持续时间从少于三个月到大于五年不等，各个持续时间的样本都有一定数量，这说明本次调研项目的持续时间方面具有良好的代表性。

（二）项目类型

表 4-3　被调研的项目类型

项目类型	百分比（%）
信息技术外包（软件开发、信息技术等）	69.4
业务流程外包（研发、物流、会计等）	31.6
合计	100.0

如表 4-3 所示，调研样本中信息技术外包（ITO）类的外包项目占比 69.4%，业务流程外包（BPO）类的外包项目占比 31.6%，这与实际的宏观数据相吻合（ITO 规模大概是 BPO 的两倍）。

（三）接包方企业类型

表 4-4　被调研的接包方企业所有制结构

所有制结构	百分比（%）
上市公司	4.5
私营企业	34.6
合资企业	8.3
外资企业	45.1
其他	7.5
合计	100.0

如表 4-4 所示，被调研企业基本涵盖了国内的所有不同类型的企业。在被调研的外包企业中，包括上市公司、私营企业、合资企业、外资企业及其他，各类型企业都有一定的数量，这说明此次调研的企业具有一定的代表性。

（四）数据来源地

表 4-5　被调研的接包方企业地域分布

所在城市	百分比（%）
西安	43.6
苏州	30.8
大连	25.6
合计	100.0

从被调研的企业地域分布来看，本次调研的外包企业位于中国三个不同的离岸服务外包示范城市，从地域上涵盖了西北、东南、东北三大区域，能够很好地代表中国接包企业的总体情况。

四、样本的可靠性检验

样本的可靠性检验主要包括两个：非响应误差检验和共同方法误差检验。

（一）无偏性检验

为了确保回收问卷具有代表性，我们进行了多次无偏性检验（Unbiased test）。首先，我们对比了早期收回（西安软件园）的问卷和后期收回（苏州工业园和大连软件园）的样本中问卷填写者的工作年限、职务、关系持续时间，以及被调查外包项目的规模、与发包方维持交易关系的时间等，统计检验结果没有发现显著差异，说明前期和后期的问卷来自同一个样本，不存在样本偏差。其次，在样本中随机选取了50家寄回调查问卷和50家没有寄回调查问卷的外包项目，对他们的项目特征（项目团队人数、总金额、合同持续时长）进行了独立样本的T检验，结果显示，寄回问卷和没有寄回问卷的企业在上述问题上没有显著差异。因此，在本次调研中不存在回收差异，问卷具有一定的代表性。

（二）共同方法误差检验

共同方法误差（Common method variance）检验的必要性来源于所收集数据中，自变量和因变量的测量题项都是由同一个人填写的。我们发放给每一个外包项目组的调研问卷都是一式两份，让两个主管分别填写，这样从根本上避免了同一份问卷所有变量由同一个人回答而带来的共同方法误差。同时，为了避免认知差异带来的误差，在调研过程中，调研人员在收回同一个企业的两份问卷后对差异较大的问题进行确认，并纠正由于认知差异所引起的偏差。

基于Podsakoff和Organ（1986）的分析，我们还通过如下两种办法检验了共同方法偏差的问题。首先，对所有指标进行Harman单因子检验，对所有指标做一个未旋转的探索性因子分析（EFA）。如果共同方法偏差切实存在，那么在做因子分析的时候，将会出现一个单一因子或者其中一个因子可以解释大部分的偏差的情况（Podsakoff & Organ，1986）。检验结果证明，这一问题不存在。其次，根据Podsakoff等（2003）提出的方法，我们对模型所有因子进行了一般方法因素检验（A General Method Factor），即将所有构件的指标都放在一个因子下，看模型的拟合情况，从结果来看（CFI=0.422；NFI=0.406；RMSEA=0.176），模型的拟合情况非常差。综合上述讨论，我们认为验证的共同方法偏差问题在本书中是不存在的。

第二节　变量测量

一、度量指标选择的基本原则

如何设计度量概念模型中变量的具体指标是实证方法的重要环节。测量指标设计的质量将会对统计分析的最终结果（包括其有效性和可靠性）产生重要影响。在设计信息共享、问题协调、相互信任、业务模块化、契约完备性、目标一致性以及文化差异性等的度量指标时，本书采用如下步骤：

首先，通过文献检索，本书选取相关研究领域中已经使用过的测量指标。这些测量指标都经过了实证检验，得到了相关领域学者们的认同，具有良好的信度和效度。例如，现有研究中对业务模块化和信任的定义和测量都比较成熟，因此就直接使用这些现成的、已经过验证的指标。

其次，鉴于大多数的测量指标出自于英文文献，为了使问卷更符合中国人的阅读习惯和思维方式，在不改变各个问题原意的前提下，本书在翻译过程中调整了各个题项的表达方式。

最后，对于新变量的构造，我们遵循了学者 Dillman（1978）的总体设计方法。其方法说明如下：对于每个变量，我们根据已有的文献构造初始因素集。接下来，我们进行第一次预调研数据收集。预调研数据被用来对所设计的初始度量指标进行探索性因子分析（EFA）以确定这些指标所度量的结构变量。然后，那些在统计上与各个结构变量相关的因素被保留下来，并利用新的预调研数据进行前后数据的对比检验。大多数的英文文献往往是在外国情境下进行研究的，由于中国的实际环境和外国很不相同，本书研究中尽量从研究中国情境的英文文献中筛选问卷指标，同时，针对国外情境下的研究指标进行修正，以符合中国情境的特点。最后，我们进行第三轮预调研，用以检验我们所提取的这些稳定的、用以测量结构变量的指标能否足以描述所构建的每个结构变量的理论内涵。

每个度量指标均采用李克特 7 分量表，问卷要求回答者按“1~7”之间的数字来衡量特定问题所表示的判断与医院合作过程中的实际情况的吻合程度，1 表示非常不符合，7 表示非常符合，2~6 为中间状态。采用主观打分方式对合作行为和绩效进行测量有两大优势：便于对难以用客观数字描述的行为进行度量；对单个变量的测量更全面和更具可比性。

下面，就研究中涉及的变量分别说明相应的测量指标和依据。

二、变量的度量指标

本书涉及的研究变量，如伙伴间信任，大多是一个定序的程度的概念，而不是有或无的概念。此外，这些变量难以直接由客观的定量指标来测量，而主观的定性判断能够更好地反映变量的内涵。因此，本书使用李克特（Likert）7 分量表来测量这些变量。李克特量表能够使研究者灵活把握问题的长度并减少多个指标使用相同的词组，这样，问卷的排版会更简洁，从而有利于填写人员快速地完成问卷。此外，遵循 Churchill（1979）的提议，在实证研究中，每个构件的测量应包括至少两个指标，本书对大多数构件采用了多指标测量的方式。根据以上的研究思路，本书共涉及信息共享、问题协调、伙伴间信任、组织间业务模块化、契约完备性、目标一致性、文化差异性和合作绩效，以及一些控制变量（包括任务不确定性），各个变量的具体测量指标描述如下（问卷详见附录）：

（一）外包合作绩效的度量指标

外包合作绩效是在综合考虑合作项目时间、成本、质量等基础上，用以评价离岸服务外包项目合作效率和效果的指标。参考 Tiwana（2008b）的研究，本书设计了五个指标来测量合作项目绩效，具体如下：①该项目是在预算内完成的；②该项目是按时完成的；③该项目实现了顾客要求的全部特征和功能；④该项目实现了关键的项目目标和业务需求；⑤整体来看，该项目是很成功的。

（二）结构和关系社会资本的度量指标

"结构和关系社会资本"的组合概念来自 Uzzi（1997）的研究，McEvily 和 Marcus（2005）等研究在组织间层面进行了延展性研究。根据 Uzzi（1997）的提法，结构和关系社会资本一共包含三个构件：信息共享、问题协调和伙伴间相互信任。前两个构件文献来源于 Lawson 等（2008）、McEvily 和 Marcus（2005）、Lee 和 Kim（1999）。

信息共享可定义为：组织间的直接、简单、以告知信息为主要目的的连接方式。其度量指标包括如下三个：①我们与该客户经常相互交流和汇报该外包项目的进展与执行情况；②该客户与我们相互分享影响双方业务的环境信息；③在我们的关系中，当一方有特殊需求时，会及时地告知对方。

问题协调可定义为：组织间的探讨、复杂、以新问题解决为主要目的的连接方式。其度量指标包括如下：①在我们的关系中，该客户与我们通过相互讨论来解决许多非常规的问题；②在我们的关系中，该客户与我们之间有解决问题的协调机制；③在我们的关系中，该客户与我们总是通过相互适应和调整来解决问题。

为了衡量准确，我们基于如下两个变量的均值来代表伙伴间信任：接包方对发包方的信任、发包方对接包方的信任。信任指的是认为另一方值得依靠、正直，从而对合作关系的一种信心（Morgan & Hunt，1994）。基于 Rustagi 等（2008）和 Li 等（2010a）的研究，本书分别采用五个指标来测量接包方对发包方以及发包方对接包方的信任。前者包含如下问题：①我们相信当我们需要帮助时，该客户会尽其所能地帮助我们；②我们相信该客户会关注我们所得到的福利，而不仅是关注他们自身得到的；③我们相信在与我们合作的过程中，该客户是正直和坦诚的；④我们相信该客户决不会利用那些损害我方利益的获利机会；⑤总体上看，我们认为该客户是值得信赖的。后者包含如下问题：①该客户相信当他们需要帮助时，我们会尽其所能地帮助他们；②该客户相信我们会关注他们所得到的福利，而不仅仅是关注我们自身得到的；③该客户相信在与他们合作的过程中，我们是正直和坦诚的；④该客户相信我们决不会利用那些损害他们利益的获利机会；⑤总体上看，该客户认为我们是值得信赖的。

（三）业务模块化和契约完备性的度量指标

外包组织间业务模块化的定义是：外包项目与发包公司现有业务流程之间的松散安排，二者之间有明确的职能、程序或信息界面，不需要过多的互动。该构件的文献来源于 Tiwana（2008b）及 Tanriverdi 等（2007）。我们用如下指标来衡量组织间业务模块化的情况：①该外包业务的变动不会影响该客户的其他业务流程；②该外包业务很容易与该客户的其他业务流程组合或重组；③该外包业务的绩效能够被独立评估，而不受其他业务流程绩效的影响；④该外包业务与该客户的其他业务流程之间有明晰的界面与接口。契约完备性是指外包发包方和接包方所设计契约能够有效协调资源和应对组织间合作风险的程度，具体包括如下六个测量指标：①我们与该客户制定了一份包含明确奖惩条款的激励性合同；②合同中明确阐明了绩效目标；③合同中包含了某些条款：当合作关系失败时，这些条款使该客户更容易地将该项外包业务转移给其他的承接方，或自己开发该业务；④我们的跨职能团队参与了合同的制定和核准；⑤合同中明确规定了争端解决流程；⑥合同涉及的各方都明确理解基本定价中所包括的所有服务要求。

（四）目标一致性和文化差异性的度量指标

目标一致性是整个合作的基础，也是传统社会资本理论下认知维度的核心构件。基于 Carey 等（2011）、Lee 和 Kim（1999）、Li 等（2010a）的原始测量，本书的测量指标有：①该客户与我们都热衷于追求共同的目标；②该客户与我们都致力于做出某些改进，这些改进是有利于整体关系的，而不仅仅是有利于其中某一方；③该客户与我们有着共同的抱负和愿景。

文化差异性的问题在离岸服务外包情境下尤为突出。基于 Lee 和 Kim（1999）、Zeybek 等（2003）的原始测量，本书设置了反向测量指标，具体的测量指标包括：①双方认可的组织价值观和社会规范是一致的；②参与该项目的双方高管对业务往来有一致的见解和方式；③我们与该客户彼此理解和欣赏对方的目标和宗旨。

（五）控制变量

除了以上的因素外，其他因素对合作行为、合作绩效等也会产生影响。基于以往的研究，本书选取了合作时长、项目规模以及任务不确定性作为控制变量。

合作时长是影响组织间合作行为的一个重要因素，它主要通过项目的合同持续年限来测量：不足 3 个月；3~6 个月；6 个月 ~1 年；1~2 年；2~3 年；3~5 年；超过 5 年。项目规模通过开发团队的人数来衡量。在离岸服务外包情境中，任务不确定性定义为与一项任务或者活动相关联的特定要求或者中间结果不能被预料的程度（Rustagi et al. ,2008）。参考 Chang 等（2003）、Rustagi 等（2008）的研究，本书设计了六个指标来测量任务不确定性，具体为：①该外包业务涉及很多常规性与重复性的工作；②与该外包业务联系紧密的业务流程短期内相当稳定；③与该外包业务联系紧密的信息技术短期内相当稳定；④在短期内，该外包业务的完成情况具有良好的可预测性；⑤该外包业务存在可遵循的既定流程与惯例；⑥该外包业务在初期识别出的需求与后期实际需求没有很大差异。

第三节　模型的统计分析方法

一、最优尺度回归

在线性回归模型中，每个自变量的回归系数是固定的，实际上，这意味着自变量是等距测量的。可是，实际当中的大量数据缺失分类而非等距的，比如职业、收入、学历等。由于线性回归模型要求变量为数值，因此这些数据经常直接被编码为数字（如 1、2、3 等）而进行分析。这种处理方法存在着一定问题，因为它把分类变量之间的差距等同化，即自变量对因变量的影响是均匀的。在某些情况下，这样的假设与实际情况相悖，很可能产生错误的分析结果。

最优尺度回归分析核心逻辑是：基于想要拟合的模型框架，分析自变量各个分类取值与因变量之间关系的变化，在保证自变量与因变量在变换后保持线性关系的情况下，采取某些非线性变换的方法进行迭代，这样就能为原始的类别变量的各个级别取得一个最佳量化数值，并应用于后续的模型分析中。

借由这样的转换思想，很多传统的回归方法都可以扩展应用到更广的范围，比如对不同类别变量（连续变量、分类变量等）的回归分析。最优尺度回归也被称作定类回归（Categorical Regression），适用于有序分类变量的研究，通过给分类变量的各个级别进行不同的赋值而得出最优回归方程。

进行最优尺度回归一般包含五个主要步骤：

（1）模型设定：以理论或现有研究结果为基础假定初始的研究模型，之后进行模型估计。

（2）模型识别：确认假定的研究模型在参数估计中是否能求出唯一解。

（3）模型估计：广义最小二乘法和最大似然法是现有最常用的模型估计方法。

（4）模型评价：评估所得到数据与所提模型之间的拟合程度，并比较所提模型与替代模型的拟合指标。

（5）模型修正：当模型与数据的拟合度不够好时，有必要对模型进行修正或者重新设定模型。通常，可以通过参数的再设定增加模型的拟合度。

二、结构方程模型

本书运用结构方程模型（Structural Equation Model，SEM）分析变量间的相关影响关系。结构方程模型是一种用实证资料来验证理论模型的统计方法，融合了因子分析（Factor analysis）和路径分析（Path analysis）两种统计技术，是当代社会科学量化研究中重要的新兴统计方法，有助于确定本书提出的各种假设关系存在相互影响关系。

结构方程模型是计量经济学、计量社会学与计量心理学等统计分析方法的综合。概括地说，结构方程模型是采用联立方程组进行求解，只是它没有很严格的假定限制条件，同时允许自变量和因变量之间存在测量误差。在结构方程模型中包含了很多种的方法，例如，因子分析、协方差结构分析、潜在变量分析以及路径分析等。具有的特点优越于多元回归等。

应用结构方程模型进行统计分析主要有三个步骤：一是构造模型；二是估计结构模型参数；三是检验模型对实际数据的拟合程度。AMOS 软件包可以使这一方法简单化、可操作化，有助于非统计学人士解决估计和假设检验的问题。AMOS 具有独特的逐步迭代能力和缺省值处理能力，既可以实现协方差技术，又可以做到一般线性模型和通常的因子分析。因此，本书采用结构方程模型技术能够达到预期的研究目标，采用 AMOS 软件建立结构方程模型，进行不同要素间的影响关系分析，力求更好地揭示实践，为假设验证提供支持。

结构方程模型通常应用一些指数来比较证实提出的模型是否合理，初步实现预期的目的。常用的体现模型拟合好坏的指数有：

（一）绝对拟合指数（P）

绝对拟合指数是将理论模型与饱和模型比较得到的，它表示的是现有样本发生大的差异的可能性（在适当的分布假设和具备正确的分类模型的情况下）。

（二）拟合优度指数（GFI）

指数 GFI（Goodness of Fit Index）的计算公式是：$GFI=1-\frac{\hat{F}}{\hat{F}_b}$，其中 $\hat{F}$ 是差异函数（Discrepancy Function）的最小值，$\hat{F}_b$ 是通过 $\sum(g)=0$，g = 1，2，3，…，G 估计 $\hat{F}$ 而得到的。

GFI 通常是介于 0~1 之间，1 表示完全拟合。这种指数越高表示模型拟合得越好。一般大于 0.9 时则说明收集的数据能较好地拟合所提出的概念模型。

（三）经过调整的拟合优度系数（AGFI）

AGFI（Adjusted Goodness of Fit Index）考虑的是检验模型中的自由度，其公式是：

$$AGFI=1-(1-GFI)\frac{d_b}{d} \tag{4-1}$$

其中，$d_b=\sum_{g=1}^{G}p(g)$，AGFI 的最大值是 1，表示的是百分之百的完全拟合。但与 GFI 不同的是，其最小值不一定是 0。一般大于 0.9 时则说明收集的数据能较好地拟合所提出的概念模型。

（四）近似均方根误差（RMSEA）

其计算公式为：$RMSEA=\sqrt{\hat{F}_0/df}$，

$$\hat{F}_0=\max\{[\hat{F}_0-df/(n-1)],0\} \tag{4-2}$$

其中，$\hat{F}_0$ 是总体差异函数的估计值。这个差异是拟合函数最小值乡 $\hat{F}$ 与 $df/(n-1)$ 之间的差，当其为正值时，取这个差值，否则取零。一般情况，如 RMSEA 取值为 0.05 或小于 0.05 并且 RMSEA 的 90%置信区间上限在 0.08 及以下，则说明收集的数据能较好地拟合所提出的概念模型。

（五）标准拟合指数（NFI）

标准拟合指数（NFI）是获得广泛应用的相对拟合指数，它显示了模型与另外一个模型的相对拟合程度，通过比较目标模型与基本模型的拟合，检验模型的整体拟合程度。NFI（Normal Fit Index）的计算公式为：

$$NFI=\Delta_1=1-\frac{\hat{C}}{\hat{C}_b}=1-\frac{F}{\hat{F}_b} \tag{4-3}$$

其中，$\hat{C}=n\hat{F}$是估计模型的最小差异值，$\hat{C}=n\hat{F}_b$ 是基本模型的最小差异值。

三、调节效应的检验方法

Baron 和 Kenny（1986）、温忠麟等（2005）认为，变量 B 为调节变量的前提就是：变量 C 与变量 A 的关系是变量 B 的函数，即变量 B 影响了变量 A 与变量 C 的直接关系，这种有调节变量的模型一般可以用图 4-1 示意。

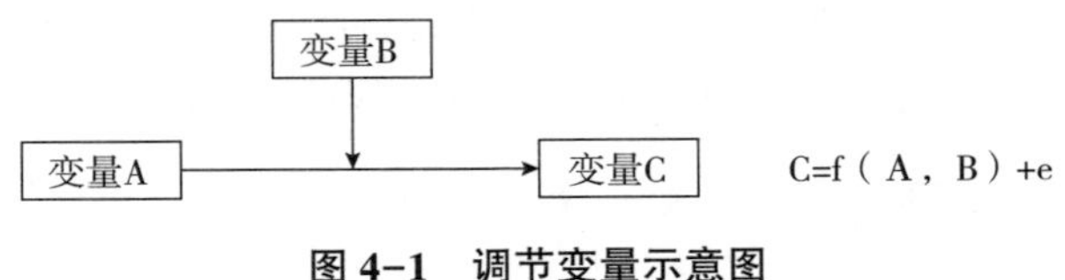

图 4-1　调节变量示意图

此外，在做调节效应分析时，为了消除变量之间的多重共线性问题，通常要将自变量和调节变量做中心化变换（即将变量减去其均值）。值得注意的是，以上流程可以用来检验交互效应，不同的仅仅是变量 B 对 C 的直接作用需要提前得到验证。

四、中介效应的检验方法

基于 Baron 和 Kenny（1986）的观点，中介变量（Mediator）就是自变量（Independent variable）对因变量（Dependent variable）发生影响的中间媒介，是自变量对因变量产生作用的直接的、实质的原因。换句话讲，就是自变量通过中介变量对因变量产生作用。中介变量的作用原理如图 4-2 所示，其中，c 是变量 A 对变量 C 的总效应，ab 是经过中介变量 B，变量 A 对 C 的中介效应（Mediating effect），c 是直接效应。当变量 A 和变量 C 之间只有一个中介变量 B 时，各个效应之间的关系可以表示为：$c=c+ab$。

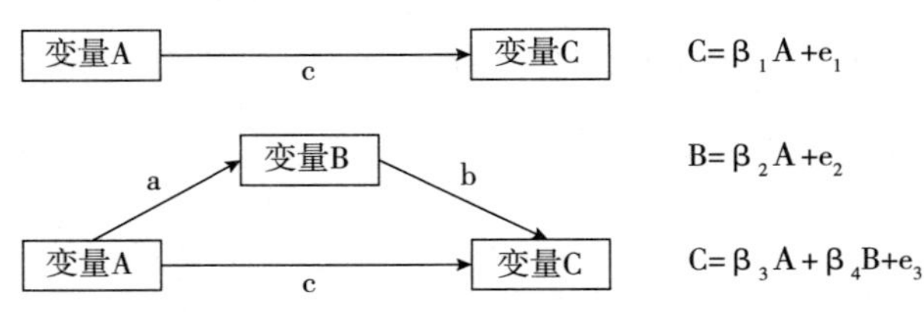

图 4-2　中介变量示意图

通常如果某个变量的介入能够清晰地说明自变量与因变量之间的关系，它就有可能是中介变量。因此，检验中介效应时要考察这三个变量之间的关系。首先假定自变量与因变量之间有较高的关系，当在它们之间加入中介变量时，如果自变量与

因变量的相关或回归系数明显降低，就可以认为中介效应明显，即中介变量能有效解释自变量与因变量的关系。

Baron 和 Kenny（1986）曾对中介变量与自变量和因变量之间的关系进行研究后认为，在以下四个条件满足的情况下，中介变量的角色可以被证实。这四个条件是：①自变量确实显著影响因变量；②自变量确实显著影响中介变量；③中介变量确实显著影响因变量；④在中介变量加入到模型中后，自变量对因变量的影响效果显著小于没有增加中介变量之前的影响。

第五章　实证检验结果

上一章阐述了本书用到的主要实证分析方法，包括数据处理方法和假设检验的统计方法。基于调研数据，本书将对所提概念模型和相关假设进行检验，并报告相关的验证结果。本章涵盖了如下内容：指标净化、信度和效度分析、数据描述性统计分析；概念模型和假设检验。本书使用 SPSS16.0 对数据进行分析，具体步骤如图 5-1 所示。此外，反向测量的构件还需进行反向编码。

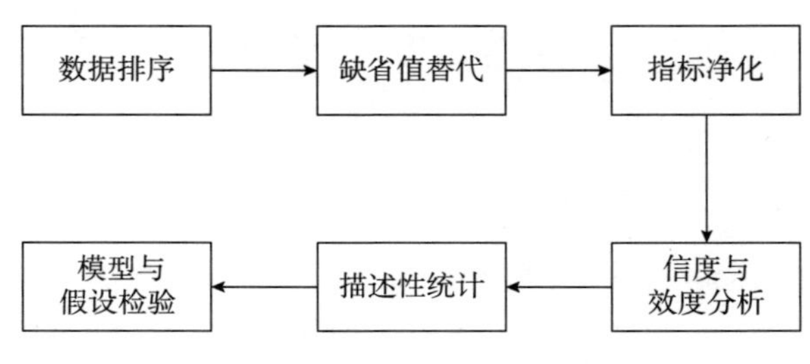

图 5-1　实证分析流程图

第一节　指标净化

首先，本书对所收集到的数据进行了初步分析，包括：①设置并替代系统缺省值，将数据库中未填写的数据设定为系统缺省值，并用同一指标填写完整数据的均值替代这些系统缺省值；②对反向问题重新编码，按照 1 — 7、2 — 6、3 — 5、5 — 3、6 — 2、7 — 1 的对应关系，进行反向编码。

基于初步处理后的数据，接下来将净化各个指标，所使用方法包括项目相关度分析和单一维度检验。项目相关度（Item-to-total correlation）分析指的是，对于测量同一个因子的所有指标而言，每一个指标与其他所有指标之和的相关系数（Churchill，1979）。一般来说，项目相关度越高，那么说明用以反映同一个因子的各个指标间具有良好的耦合性。同时，一般来说，如果纠正后的项目相关度（Corrected-Item-to-Total Correlation，CITC）小于 0.4，就应该删除这一指标，即如果某一个指标的 CITC 系数小于 0.4，就意味着该指标不能很好地与其他指标结合在一起反映该因子。经过检验，本书所使用的测量指标都满足了上述要求。

单一维度性是指任何一个指标都只能反映唯一的一个构件，而不能同时反映多个构件。单一维度性检验需要服从两个要求：第一，任意一个指标在所测度的构件上具有显著的因子载荷；第二，任意一个构件不存在交叉载荷（Cross Factor Loading），即同一个指标不能同时既在构件 A 上具有显著的因子载荷，也在构件 B 上具有显著的因子载荷。本书采用探索性因子分析（Exploratory Factor Analysis，EFA）的方法来检验测量指标的单一维度性。首先，对所有构件分别进行探索性因子分析，剔除因子载荷小于 0.4 的测量指标；其次，将模型中所有构件一起进行探索性因子分析，剔除具有交叉载荷的测量指标。

第二节　信度与效度检验

一、变量的信度检验

信度检验（Reliability analysis）是对一种现象测度稳定性和一致性的检验。信度的指标有三类：稳定性（Stability）、等值性（Equivalance）和内部一致性（Internal consistency）。内部一致性反映了某一指标与测量同一变量的其他指标之间的相关程度，关注的是不同测试项目所带来测试结果的差异（李怀祖，2004）。

目前普遍使用 Cronbachα 系数——又称内部一致性系数——来检验变量的信度。由式（5-1）求得：

$$\alpha=\frac{k\times\overline{cov}/\overline{var}}{1+(k-1)\overline{cov}/\overline{var}} \qquad (5-1)$$

式中：

α——Cronbachα 系数；

k——指标的数量；

$\overline{cov}$——指标间的平均协方差；

$\overline{var}$——指标间的平均方差。

Cronbachα 取值范围限定为 0~1，其取值越接近于 1 说明变量测量指标的信度越高。通常来讲，变量想要具有良好的信度，其所用指标的 α 取值须在 0.7 以上（吴明隆，2000）。从表 5-1 中可以看出，本书所有变量的 α 值均大于 0.7，这表明所用到变量都具有良好的信度。

除了计算 Cronbachα 系数之外，本书还计算了组合信度（Composite Reliability，CR），其计算公式为式（5-2）：

$$CR = \frac{(\sum \text{Loading})^2}{\sum(1 - \text{Loading}^2) + (\sum \text{Loading})^2} \tag{5-2}$$

式中：

Loading 代表指标的因子载荷。

CR 的值越大，表明变量的信度越高。一般认为，CR 值在 0.7 以上，就表明因子具有良好的信度。表 5-1 给出了本书中涉及变量的 CR 值。从表中可以看出，所有变量的 CR 值均大于 0.7，这也表明本书采用的变量具有良好的信度。

二、变量的效度检验

效度反映了测量指标能够测量出学者想要测量的目标的真实度，揭示了构件与其测量指标之间的关系。效度是用来判断度量结果是否是研究者真正预期的结果，是指数据与理想值的差异程度（李怀祖，2004）。在效度分析中，经常用到的是内容效度（Content validity）、收敛效度（Convergent validity）和判别效度（Discriminant validity）。本书所使用量表都是以国外研究中现有的量表为基础，结合了我国离岸服务外包的实际情况修正而成，因此，本书的测量量表具有很好的内容效度。收敛效度是指所用到的指标集中反映了所要测量的构件或因子，不存在交叉载荷的问题。判别效度是指不同因子间可以有效区分，不存在反映同一构件的两个因子。接下来，分别检验本书所使用量表的收敛效度和判别效度。

（一）收敛效度

本书采用三种方式来检验收敛效度：①在上文对指标的净化以及单一维度性检验过程中，已经进行了探索性因子分析，确保了所用到的指标不存在交叉载荷；②计算了每一个指标的因子载荷，除了控制变量“任务不确定性”的两个测量指标的因子载荷值为 0.54 和 0.578 以外，其他指标的因子载荷都在 0.6 以上，参考相关研究，因子载荷在 0.4 以上是可以接受的，这说明本书中的因子都具有良好的收敛效度；③利用式（5-3）计算了每一个因子的平均提取的方差百分比（Average variance extracted，AVE）（Fornell & Larcker，1981）。

$$AVE = \frac{(\sum Loading)^2}{\sum(1 - Loading^2) + (\sum Loading)^2} \tag{5-3}$$

式中：

Loading 代表每个指标的因子载荷。

AVE 的取值越大，表明指标之间的耦合性越强。本书中各个变量的因子载荷和平均提取方差百分比的计算结果如表 5-1 所示。因子的平均提取方差百分比从 46%

到 73%，均表明因子具有良好的收敛效度。

（二）判别效度

学术界通常采用如下两种方法来衡量判别效度：

（1）任意选择两个因子，将因子间的相关系数固定为 1 和自由估计两种情况下卡方的变化进行比较，上述两种情况下卡方的变化具有显著的差异即表明良好的判别效度。

（2）比较变量的 AVE 平方根和该变量与其他任何一个变量相关系数，如果 AVE 的平方根大于相关系数，则表明变量具有良好的判别效度（Fornell & Larcker，1981）。通过表 5-1 和表 5-3 可以看出，任一变量的 AVE 平方根均大于其与其他变量的相关系数，表明了变量具有良好的判别效度。

本书使用第二种方法检验了判别效度。我们将表 5-2 中对角线上的系数 1 换为该变量的 AVE 平方根，可以看出，对角线上变量的 AVE 平方根均大于下方的相关系数，表明了变量具有良好的判别效度。

表 5-1　信度、因子载荷、AVE 和 CR

量表	信度	因子载荷	AVE	CR
目标一致性（GC）	0.810		0.73	0.89
GC1 该客户与我们都热衷于追求共同的目标		0.888		
GC2 该客户与我们都致力于做出某些改进，这些改进是有利于整体关系的，而不仅仅是有利于其中某一方		0.871		
GC3 该客户与我们有着共同的抱负和愿景		0.799		
文化差异性（CD）	0.773		0.69	0.87
CD1 双方认可的组织价值观和社会规范是一致的		0.832		
CD2 参与该项目的双方高管对业务往来有一致的见解和方式		0.844		
CD3 我们与该客户彼此理解和欣赏对方的目标和宗旨		0.824		
信息共享（IS）	0.762		0.68	0.86
IS1 我们与该客户经常相互交流和汇报该外包项目的进展与执行情况		0.773		
IS2 该客户与我们相互分享项目的相关信息（如需求变动、最新进展等）		0.835		
IS3 在我们的关系中，当一方有特殊需求时会及时地告知对方		0.863		
问题协调（PC）	0.796		0.71	0.88
PC1 在我们的关系中，该客户与我们通过相互讨论来解决许多非常规的问题		0.799		

续表

量表	信度	因子载荷	AVE	CR
PC2 在我们的关系中，该客户与我们之间有解决问题的协调机制		0.865		
PC3 在我们的关系中，该客户与我们总是通过相互适应和调整来解决问题		0.864		
相互信任（TR）	0.874		0.69	0.92
TRV1 我们相信当我们需要帮助时，该客户会尽其所能地帮助我们；该客户相信当他们需要帮助时，我们会尽其所能地帮助他们		0.854		
TRV2 我们相信该客户会关注我们所得到的福利，而不仅是关注他们自身得到的；该客户相信我们会关注他们所得到的福利，而不仅是关注我们自身得到的		0.720		
TRV3 我们相信在与我们合作的过程中，该客户是正直和坦诚的；该客户相信在与他们合作的过程中，我们是正直和坦诚的		0.903		
TRV4 我们相信该客户决不会利用那些损害我方利益的获利机会；该客户相信我们决不会利用那些损害他们利益的获利机会		0.835		
TRV5 总体上看，我们认为该客户是值得信赖的；总体上看，该客户认为我们是值得信赖的		0.822		
业务模块化（MO）	0.593		0.46	0.77
MO1 该外包业务的变动不会影响该客户的其他业务流程		0.663		
MO2 该外包业务很容易与该客户的其他业务流程组合或重组		0.604		
MO3 该外包业务的绩效能够被独立评估，而不受其他业务流程绩效的影响		0.750		
MO4 该外包业务与该客户的其他业务流程之间有明晰的界面与接口		0.681		
契约完备性（CC）	0.887		0.65	0.88
CC1 我们与该客户制定了一份包含明确奖惩条款的激励性合同		0.792		
CC2 合同中明确阐明了绩效目标		0.847		
CC3 合同中包含了某些条款：当合作关系失败时，这些条款使该客户更容易地将该项外包业务转移给其他的承接方，或自己开发该业务		0.698		
CC4 我们的跨职能团队参与了合同的制定和核准		0.839		
CC5 合同中明确规定了争端解决流程		0.842		
CC6 合同涉及的各方都明确理解基本定价中所包括的所有服务要求		0.791		

续表

量表	信度	因子载荷	AVE	CR
外包合作绩效 PP	0.862		0.66	0.91
PP1 该外包项目是在预算内完成的		0.709		
PP2 该外包项目是按时完成的		0.856		
PP3 该外包项目实现了顾客要求的全部特征和功能		0.823		
PP4 该外包项目实现了关键的项目目标和业务需求		0.796		
PP5 整体来看，该外包项目是很成功的		0.863		
任务不确定性（TU）	0.785		0.51	0.82
TU1 该外包业务涉及很多常规性与重复性的工作		0.540		
TU2 与该外包业务联系紧密的业务流程短期内相当稳定		0.794		
TU3 与该外包业务联系紧密的信息技术短期内相当稳定		0.823		
TU4 短期内，该外包业务的完成情况具有良好的可预测性		0.728		
TU5 该外包业务存在可遵循的既定流程与惯例		0.778		
TU6 该外包业务在初期识别出的需求与后期实际需求没有很大差异		0.578		

此外，本书进行了确定性因子分析（Confirmatory Factor Analysis，CFA），结果如表 5-2 所示。χ^2/df 的值在 1~3 之间，CFI、IFI、NFI 以及 TLI 的值均大于 0.9，GFI 的值接近于 0.9，RMSEA 的值小于 0.08，这说明，确定性因子分析的结果是可接受的，同时这也反映了因子具有良好的信度和效度。

表 5-2　确定性因子分析结果

拟合指数	模型预测	解释与说明
χ^2/df	2.53	1<2.53<3，说明模型拟合好
CFI	0.93	大于 0.9，说明模型拟合较好
GFI	0.87	接近 0.9，说明模型拟合较好
RMSEA	0.06	小于 0.08，说明模型拟合较好
NFI	0.90	大于 0.9，说明模型拟合较好
IFI	0.94	大于 0.9，说明模型拟合较好
TLI	0.93	大于 0.9，说明模型拟合较好

三、变量相关性（见表 5-3）

表 5-3 均值、标准差与相关系数表

	CD	TS	TU	GC	CD	IS	PS	TR	MO	CC	CP
合作时长（CD）	—										
团队规模（TS）	0.630**	—									
任务不确定性（TU）	-0.102	-0.118	0.71								
目标一致性（GC）	0.039	0.041	-0.273**	0.85							
文化差异性（CD）	0.102	-0.086	0.306**	-0.602**	0.83						
信息共享（IS）	0.046	0.004	-0.266**	0.608**	-0.576**	0.82					
问题协调（PC）	0.156*	0.111	-0.249**	0.548*	-0.591**	0.623**	0.84				
相互信任（TR）	0.049	0.009	-0.242**	0.569**	-0.558**	0.501**	0.573**	0.83			
业务模块化（MO）	-0.018	-0.030	-0.288**	0.139*	-0.234**	0.240**	0.226**	0.215**	0.68		
契约完备性（CC）	-0.052	0.067	-0.009	0.157*	-0.243**	0.138*	0.167*	0.278**	0.149*	0.81	
合作绩效（PP）	-0.069	-0.064	-0.280**	0.392**	-0.394**	0.451**	0.391**	0.457**	0.045	0.155***	0.81
均值	3.86	28.82	2.52	5.79	2.41	5.99	5.79	5.74	4.98	4.81	6.01
标准差	1.75	47.25	0.81	0.80	0.78	0.70	0.75	0.63	0.86	1.15	0.70

注：* p<0.05；** p<0.01；对角线上的数值为相应变量的 AVE 平方根。

接下来，本书将同一因子的各个测量指标加总后取平均值，以此均值来测量各个变量。通过使用 SPSS16.0 对本书中涉及的 11 个变量进行描述性统计分析，得到如表 5-3 所示的均值、标准差与相关系数表。从表 5-3 中可以看出，这些变量之间具有一定的相关性，同时它们之间也存在较好的区分度。此外，由于相关系数仅仅反映两个变量之间通过多种路径的综合作用，相关系数表只能反映数据间的原始相关性。所以，相关系数是正还是负，其显著性如何都只能作为最后分析结果的一个参考，而没有太多深层次意义。

第三节　最优尺度回归假设检验结果

本书的最优尺度回归过程是分步进行的：第一步的回归方程只包含控制变量；第二步的回归方程含有控制变量、自变量（如限于篇幅，在不影响结果汇报的前提下会合并第一、第二步）；第三步的回归方程则包括控制变量、自变量和调节变量的分析结果。此外，按照经典操作建议，在引入交乘项时，相关变量都被进行了中心化处理，以避免出现多重共线性的问题。

一、前因—中介—结果的作用分析

我们首先对前因（目标一致性和文化差异性）到中间变量（信息共享、问题协调和相互信任）的作用机理以及两个文化差异性的调节作用机理进行了检验，包含两个步骤。首先，我们分析合作时长、项目规模、任务不确定性和两个前因变量与三个中间变量之间的关系；其次，我们把目标一致性和文化差异性的交乘项加入进来，这样可以判断文化差异性是如何调节目标一致性与三个中间变量直接关系的。

表 5-4　前因到中介回归分析结果

自变量	因变量					
	信息共享 M1	信息共享 M2	问题协调 M3	问题协调 M4	相互信任 M5	相互信任 M6
1. 合作时长	0.034	0.034	0.060	0.058***	0.050	0.044
2. 项目规模	−0.050	−0.049	0.003	0.018	0.071	0.075
3. 任务不确定性	−0.101*	−0.110*	−0.132*	−0.097	−0.093*	−0.076
4. 目标一致性	0.437***	0.401***	0.230***	0.263***	0.349***	0.397***
5. 文化差异性	−0.298***	−0.320***	−0.449***	−0.394***	−0.339***	−0.343**
6. 目标 * 文化		0.088+		−0.303***		−0.224***

续表

自变量	因变量					
	信息共享 M1	信息共享 M2	问题协调 M3	问题协调 M4	相互信任 M5	相互信任 M6
R^2	0.473	0.480	0.436	0.456	0.411	0.426
调整后 R^2	0.437	0.441	0.403	0.424	0.382	0.383
R^2 变化		0.004		0.018		0.001
F 值	13.113***	12.560***	13.127***	14.273***	14.161***	10.094***

注：+，* 表示显著性水平；+ 在 0.1 水平下显著；* 在 0.05 水平下显著；** 在 0.01 水平下显著；*** 在 0.001 水平下显著。

从表 5-4 中可以看出，六个回归模型 F 值都是在显著水平 $p<0.001$ 上的，表明在本调研样本下，这六个回归方程都是成立的。同时，模型 M2、M4 和 M6 都比它们各自的前一个模型 M1、M3 和 M5 在调整后的 R^2 上递增，说明加入交乘项之后的模型比为加入的模型能更充分地解释因变量的变化。

表 5-4 的模型 M1、M3、M5 分别检验了前因到信息共享、问题协调和相互信任的直接作用。其中，目标一致性正向显著影响信息共享（$\beta=0.437$，$p<0.001$）、问题协调（$\beta=0.230$，$p<0.001$）和相互信任（$\beta=0.349$，$p<0.001$）；文化差异性负向显著影响信息共享（$\beta=-0.298$，$p<0.001$）、问题协调（$\beta=-0.449$，$p<0.001$）和相互信任（$\beta=-0.339$，$p<0.001$）。这样，这些结果就验证了假设 H8 和 H9。

此外，表 5-4 中的模型 M2、M4 和 M6 分别检验了文化差异性对目标一致性与信息共享、问题协调和相互信任直接作用的调节效应。其中，文化差异性正向调节目标一致性与信息共享的直接关系（$\beta=0.088$，$p<0.10$）；文化差异性负向调节目标一致性与问题协调的直接关系（$\beta=-0.303$，$p<0.001$）；文化差异性负向调节目标一致性与相互信任的直接关系（$\beta=-0.224$，$p<0.001$）。这样，这些结果就验证了 H12 和 H13，H11 则在 0.05 水平下不显著，仅在 0.1 水平下显著，严格来讲没有通过。

为了更直观展示调节作用，本书进一步绘制了文化差异性处在不同水平时，目标一致性与中间变量的关系图（见图 5-2）。

图 5-2（a）展示了文化差异性对目标一致性与信息共享关系的正向调节效应。从图上可看出，随着文化差异性水平的提高，目标一致性对信息共享的促进作用会提高，反映两者关系的直线斜率增加。因此，但由于变化不明显（仅在 $p=0.10$ 的水平下显著）该假设只能得到部分通过。

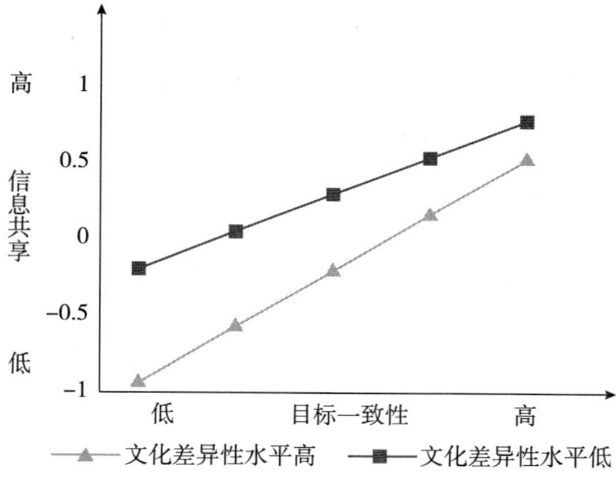

（a）文化差异性对目标一致性与信息共享关系的调节

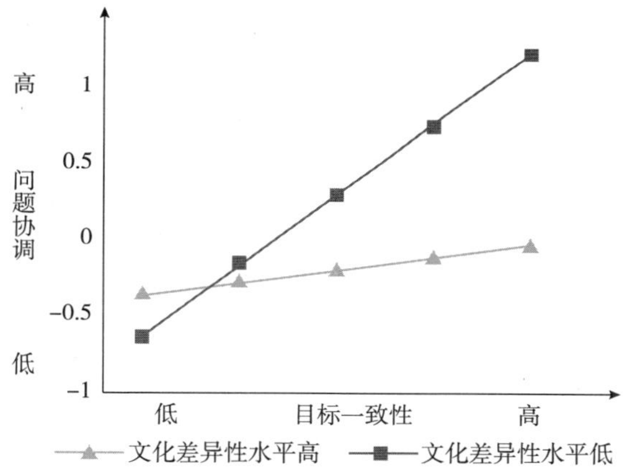

（b）文化差异性对目标一致性与问题协调关系的调节

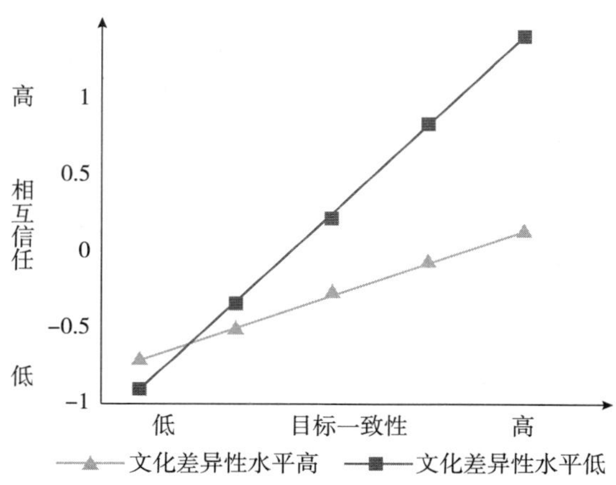

（c）文化差异性对目标一致性与相互信任关系的调节

图 5-2 目标一致性与中间变量的关系

图 5-2（b）展示了文化差异性对目标一致性与问题协调直接关系的负面调节作用。从图上可看出，随着文化差异性水平的提高，目标一致性对信息共享的促进作用会降低，反映两者关系的直线斜率降低。因此，文化差异性会负向调节目标一致性与问题协调的正向关系。

图 5-2（c）展示了文化差异性对目标一致性和伙伴间相互信任直接关系的负面调节。从图上可看出，随着文化差异性水平的提高，目标一致性对相互信任的促进作用会降低，反映两者关系的直线斜率降低。因此，文化差异性会减弱目标一致性对伙伴间相互信任的正向作用。

接下来，本书将分析前因（目标一致性和文化差异性）—中介（信息共享、问题协调和相互信任）—结果（外包合作绩效）的关系。

表 5-5　中介效应回归分析结果

自变量	因变量			
	合作绩效 M7	合作绩效 M8	合作绩效 M9	合作绩效 M10
1. 合作时长	-0. 143 **	-0. 130 **	-0. 159 ***	-0. 158 ***
2. 项目规模	0. 145 **	0. 115 *	0. 085	0. 087+
3. 任务不确定性	-0. 314 *	-0. 221 ***	-0. 132 **	-0. 127 **
4. 目标一致性		0. 264 ***		0. 070
5. 文化差异性		-0. 183 ***		0. 096
6. 信息共享			0. 331 ***	0. 329 ***
7. 问题解决			0. 130 ***	0. 136 ***
8. 相互信任			0. 253 ***	0. 263 ***
R^2	0. 135	0. 260	0. 364	0. 370
调整后 R^2	0. 104	0. 213	0. 301	0. 398
R^2 变化		0. 109	0. 197	0. 097
F 值	4. 407 ***	5. 520 ***	5. 800 ***	5. 145 ***

注：+，* 表示显著性水平；+ 在 0. 1 水平下显著；* 在 0. 05 水平下显著；** 在 0. 01 水平下显著；*** 在 0. 001 水平下显著。

从表 5-5 中可以看出，四个回归模型 F 值都是在显著性水平 $p<0.001$ 上的，表明在本调研样本下，这四个回归方程都是成立的。同时，模型 M7→M8→M10 和 M7→M9→M10 分别依次在调整后的 R^2 上递增，说明中介的完整模型比只有前因或只有中介的模型能更充分地解释因变量的变化。

根据表 5-5，结合 Baron 和 Kenny（1986）的中介验证标准：①前因到中介的显

著作用关系在前面已经得到验证；②M8 显示，前因到结果的直接作用关系也是显著的（β=0.264，p<0.001；β=−0.183，p<0.001）；③M9 显示，中介到结果的直接作用也是显著的（β=0.331，p<0.001；β=0.130，p<0.001；β=0.253，p<0.001）；④M10 中，当前因和中介变量全部加入回归方程后，发现前因到结果的作用系数变得不显著（β=0.070，p>0.10；β=0.096，p>0.10）。鉴于这四个标准都得到满足，中介效应得到了完全的验证，也完全支持了假设 H8。

二、模块化和契约的调节作用

（一）业务模块化的调节作用

这里对模块化对信息共享、问题协调和相互信任分别与外包绩效直接关系的调节作用机理进行了检验，包含了三个步骤。首先，我们分析合作时长、项目规模、任务不确定性和三个自变量与因变量之间的关系（M11）；其次，我们把调节变量业务模块化加入进来（M12）；最后，再加入模块化与三个自变量的交乘项（M13），这样可以判断模块化是怎样调节三个中间变量与结果变量直接关系的。

表 5-6 模块化和契约的调节作用回归分析结果

变量	离岸服务外包绩效				
	M11	M12	M13	M14	M15
1. 合作时长	−0.159***	−0.170***	−0.174	−0.156***	−0.124**
2. 项目规模	0.085	0.092+	0.104*	0.095+	0.081
3. 任务不确定性	−0.132**	−0.164***	−0.174***	−0.194***	−0.142**
4. 信息共享	0.331***	0.346***	0.370***	0.322***	0.265***
5. 问题解决	0.130***	0.143***	0.226***	0.241***	0.154***
6. 信任	0.253***	0.259***	0.207***	0.178**	0.254***
7. 模块化		−0.125**	−0.139**		
8. 契约				0.162**	0.174***
9. 模块＊信息			−0.129**		
10. 模块＊问题			0.189***		
11. 模块＊信任			0.169***		
12. 契约＊信息					−0.163**
13. 契约＊问题					−0.130*

续表

变量	离岸服务外包绩效				
	M11	M12	M13	M14	M15
14. 契约 * 信任					0.125 *
R^2	0.364	0.376	0.414	0.376	0.414
调整后 R^2	0.301	0.305	0.309	0.315	0.338
R^2 变化		0.004	0.004	0.014	0.023
F 值	5.800 ***	5.277 ***	3.649 ***	5.277 ***	5.417 ***

注：+，* 表示显著性水平；+ 在 0.1 水平下显著；* 在 0.05 水平下显著；** 在 0.01 水平下显著；*** 在 0.001 水平下显著。

表 5-6 中的模型 M11、M12 和 M13 分别检验了业务模块化对信息共享、问题协调和相互信任分别到外包合作绩效直接作用的调节。其中，业务模块化会负向调节信息共享对外包合作绩效的直接作用（$\beta=-0.129$，$p<0.01$）；业务模块化会正向调节问题协调对外包合作绩效的直接作用（$\beta=0.189$，$p<0.001$）；业务模块化会正向调节信息共享对外包合作绩效的直接作用（$\beta=0.169$，$p<0.001$）。这样，这些结果就验证并支持了假设 H2、H3 和 H4。

图 5-3（a）展示了业务模块化对信息共享到外包合作绩效直接作用的调节效应。从图上可看出，随着模块化水平的提高，信息共享对外包合作绩效的促进作用会降低，反映两者关系的直线斜率降低。因此，模块化水平会削弱信息共享对外包合作绩效的正向作用。

图 5-3（b）展示了业务模块化对问题协调到外包合作绩效直接作用的调节效应。从图上可看出，随着模块化水平的提高，问题协调对外包合作绩效的促进作用会提高，反映两者关系的直线斜率增加。因此，模块化水平会增强问题协调对外包合作绩效的正向作用。

图 5-3（c）展示了业务模块化对相互信任到外包合作绩效直接作用的调节效应。从图上可看出，随着模块化水平的提高，相互信任对外包合作绩效的促进作用会提高，反映两者关系的直线斜率增加。因此，模块化水平会增强相互信任对外包合作绩效的正向作用。

（二）契约完备性的调节作用

此外，本书对契约完备性对信息共享、问题协调和相互信任分别与外包绩效直接关系的调节作用机理进行了检验，包含三个步骤。首先，我们分析合作时长、项目规模、任务不确定性和三个自变量与因变量之间的关系（M11）；其次，我们把调

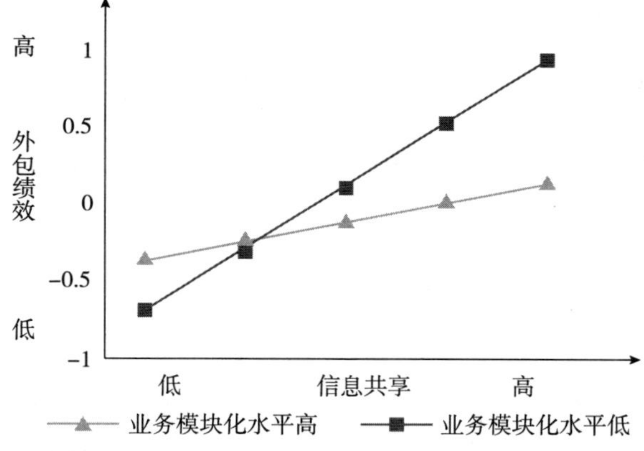

（a）模块化对信息共享和外包绩效关系的调节

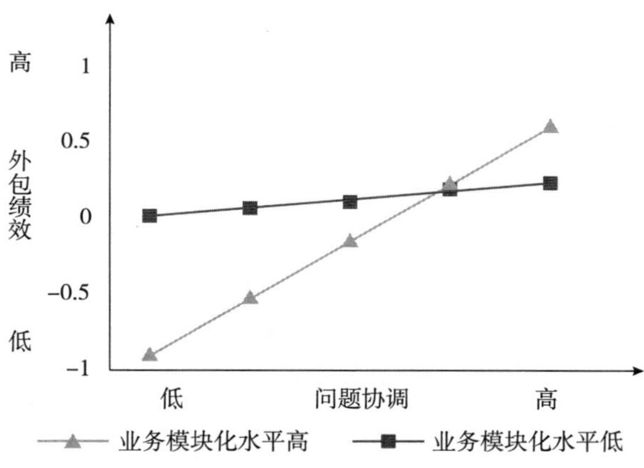

（b）模块化对问题协调和外包绩效关系的调节

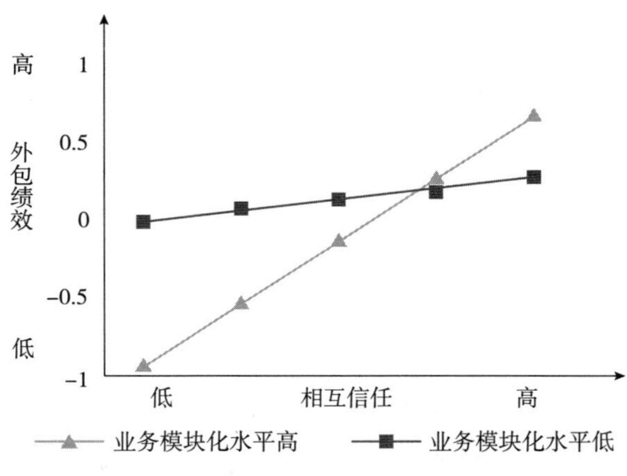

（c）模块化对相互信任和外包绩效关系的调节

图 5-3　模块化与中间变量的关系

节变量契约完备性加入进来（M14）；最后，再加入契约完备性与三个自变量的交乘项（M15），这样可以判断契约完备性是怎样调节三个中间变量与结果变量直接关系的。

表 5-6 中的模型 M11、M14 和 M15 分别检验了契约完备性对信息共享、问题协调和相互信任分别到外包合作绩效直接作用的调节。其中，契约完备性会负向调节信息共享对外包合作绩效的直接作用（$\beta=-0.163$，$p<0.01$）；契约完备性会负向调节问题协调对外包合作绩效的直接作用（$\beta=-0.130$，$p<0.05$）；契约完备性会正向调节相互信任对外包合作绩效的直接作用（$\beta=0.125$，$p<0.05$）。这样，这些结果就验证并支持了假设 H5 和 H7，却拒绝了 H6 的假设，得出与 H6 原本假设相反的结论。H6 没有通过，这是本书唯一没有通过验证的假设，将在下一章详细解释这一问题。

图 5-4（a）展示了契约完备性对信息共享到外包合作绩效直接作用的调节效应。从图上可看出，随着契约完备性水平的提高，信息共享对外包合作绩效的促进作用会降低，反映两者关系的直线斜率降低。因此，契约完备性水平会削弱信息共享对外包合作绩效的正向作用。

图 5-4（b）展示了契约完备性对问题协调到外包合作绩效直接作用的调节效应。从图上可看出，随着契约完备性水平的提高，问题协调对外包合作绩效的促进作用会降低，反映两者关系的直线斜率降低。因此，契约完备性水平会削弱问题协调对外包合作绩效的正向作用。

图 5-4（c）展示了契约完备性对伙伴间相互信任到外包合作绩效直接作用的调节效应。从图上可看出，随着契约完备性水平的提高，伙伴间相互信任对外包合作绩效的促进作用会增强，反映两者关系的直线斜率增加。因此，契约完备性水平会增强伙伴间相互信任对外包合作绩效的正向作用。

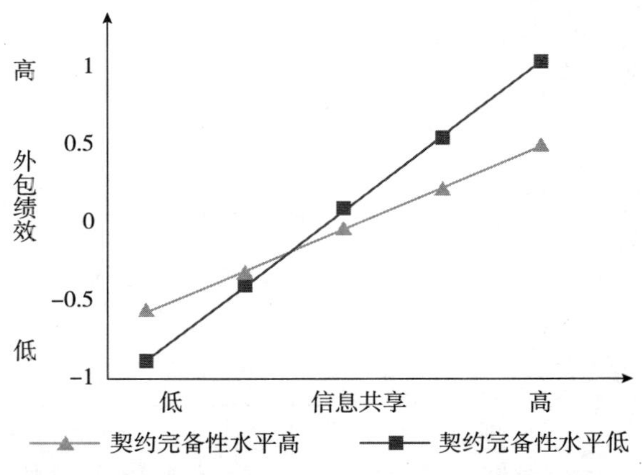

（a）契约完备性对信息共享和外包绩效关系的调节

图 5-4 契约完备性与中间变量的关系

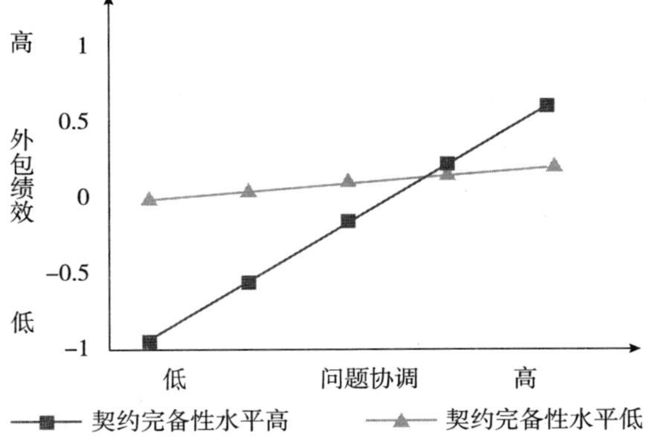

（b）契约完备性对问题协调和外包绩效关系的调节

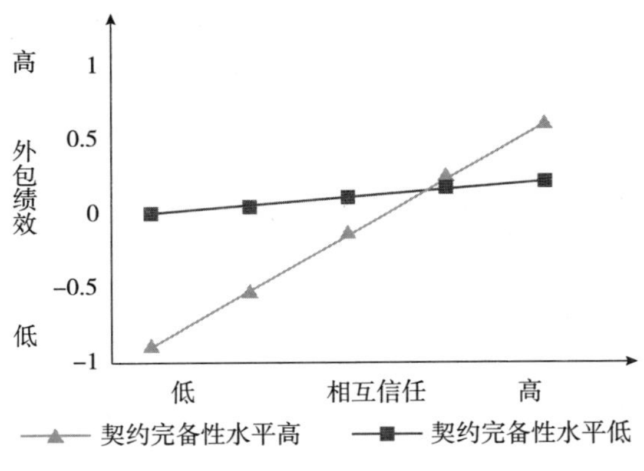

（c）契约完备性对相互信任和外包绩效关系的调节

图 5-4 契约完备性与中间变量的关系（续）

第四节 结构方程模型假设检验结果

本书还使用结构方程模型的极大似然估计（Maximum likelihood estimation）方法对模型进行了补充验证。由于结构方程模型适用于路径分析、整体变量先后关系分析，不适合对复杂调节变量的分析，故这里只对本书的中介路径关系进行分析。本书使用 AMOS16. 0 对模型的中介效应进行检验，并按照 Baron 和 Kenny（1986）提出的三个步骤进行（直接模型、路径模型和全模型）。

结果如表 5-7 所示。

表 5-7 结构方程模型（AMOS）假设检验结果

	直接模型 β（t-value）	路径模型 β（t-value）	全模型 β（t-value）
路径			
目标一致→信息共享		0.396***	0.390***
目标一致→问题协调		0.282***	0.206*
目标一致→相互信任		0.239***	0.187*
文化差异→信息共享		-0.423***	-0.420***
文化差异→问题协调		-0.594***	-0.686***
文化差异→相互信任		-0.472***	-0.513***
目标一致→外包绩效	0.200**		-0.063 n. s.
文化差异→外包绩效	-0.238*		0.220 n. s.
信息共享→外包绩效		0.209*	0.250*
问题协调→外包绩效		0.284*	0.402*
相互信任→外包绩效		0.466***	0.487***
控制变量			
合作时长→PP	-0.026	-0.036	-0.036
项目规模→PP	-0.004	-0.131	-0.130
总体匹配情况			
Chi-square	111.3	442.6	489.7
Df	57	252	254
RMSEA	0.064	0.057	0.063
CFI	0.955	0.941	0.927
GFI	0.938	0.882	0.871
NFI	0.913	0.875	0.862
IFI	0.955	0.942	0.928

注：+，* 表示显著性水平；+ 在 0.1 水平下显著；* 在 0.05 水平下显著；** 在 0.01 水平下显著；*** 在 0.001 水平下显著。

如表 5-7 所示：①直接模型里包括目标一致性和文化差异性到离岸外包绩效的直接路径，结果显示目标一致性和文化差异性均显著直接影响外包绩效（β=0.200，p<0.001；β=-0.238，p<0.05）；②路径模型里则包括了前因到中介、中介到结果的所有九条路径，结果显示目标一致性和文化差异性均显著直接影响信息共享（β=0.396，p<0.001；β=-0.423，p<0.001），目标一致性和文化差异性均显著直接影响

问题协调（$\beta=0.282$，$p<0.001$；$\beta=-0.594$，$p<0.001$），目标一致性和文化差异性均显著直接影响相互信任（$\beta=0.239$，$p<0.001$；$\beta=-0.472$，$p<0.001$），信息共享、问题协调和相互信任均显著直接影响外包绩效（$\beta=0.209$，$p<0.05$；$\beta=-0.284$，$p<0.05$；$\beta=-0.466$，$p<0.001$）；③全模型则是集合了直接模型和路径模型的所有路径关系，其结果显示，除了目标一致性和文化差异性到外包绩效的直接关系由显著变为不显著之外（$\beta=-0.063$，$p>0.10$；$\beta=-0.220$，$p>0.10$），其他路径均保持显著。结合 Baron 和 Kenny（1986）的中介验证标准，假设 10 所提出的中介关系得到结构方程模型的验证和支持。

第五节　小结

本章详细报告了实证分析的各项结果，所采用的研究样本一共是 235 家我国离岸服务外包接包方企业。描述性统计分析表明所采集数据是适合进行回归分析的，而回归分析（包括结构方程模型分析）结果表明：本书基于松耦合视角、社会资本理论和组织间合作框架提出的认知（目标一致性）—行为（信息共享、问题协调和相互信任）—绩效的概念框架是基本成立的。13 个假设有 11 个获得验证。研究结果表明：业务模块化对结构和关系社会资本与绩效的正向关系既有增强又有削弱，契约完备性对结构和关系社会资本与绩效的正向关系既有增强又有削弱，文化差异性对目标一致性与结构和关系社会资本的正向关系既有增强又有削弱，结构和关系社会资本在前因（目标一致性和文化差异性）和结果（外包合作绩效）之间扮演中介的角色。

表 5-8 小结了各假设。

表 5-8　本书假设检验结果

假设	假设内容	结果
H1	合作双方的结构和关系社会资本（信息共享、问题协调和相互信任）会正向影响离岸服务外包绩效	支持
H2	业务模块化会减弱信息共享对离岸服务外包绩效的正向作用	支持
H3	业务模块化会增强问题协调对离岸服务外包绩效的正向作用	支持
H4	业务模块化会增强相互信任对离岸服务外包绩效的正向作用	支持
H5	契约完备性会增强信息共享对离岸服务外包绩效的正向作用	不支持
H6	契约完备性会减弱问题协调对离岸服务外包绩效的正向作用	支持
H7	契约完备性会增强相互信任对离岸服务外包绩效的正向作用	支持

续表

假设	假设内容	结果
H8	目标一致性正向影响外包合作双方的结构和关系社会资本（信息共享、问题协调及相互信任）	支持
H9	文化差异性负向影响外包合作双方的结构和关系社会资本（信息共享、问题协调及相互信任）	支持
H10	结构和关系社会资本在前因（目标一致性和文化差异性）与结果（离岸服务外包合作绩效）之间扮演中介的角色	支持
H11	文化差异性会增强目标一致性对信息共享的正向作用	部分支持
H12	文化差异性会减弱目标一致性对问题协调的正向作用	支持
H13	文化差异性会减弱目标一致性对相互信任的正向作用	支持

第六章　结果讨论与研究意义

从松耦合视角出发，本书系统分析了组织间社会资本对离岸服务外包合作绩效的影响机理。在我国离岸服务外包产业背景下，我们具体分析了：①结构和关系社会资本（包括信息共享、问题协调和相互信任）对外包合作绩效的直接作用；②组织间业务模块化对结构和关系社会资本与外包合作绩效直接关系的调节效应；③契约完备性对结构和关系社会资本与外包合作绩效直接关系的调节效应；④文化差异性对认知社会资本（即目标一致性）与对结构和关系社会资本直接关系的调节效应；⑤结构和关系社会资本在前因（目标一致性和文化差异性）与结果（外包合作绩效）之间扮演中介角色。在此基础上，我们提出了 13 个假设，通过对发包到中国的离岸服务外包合作情况进行调研，获得了 235 份完整有效的问卷，然后对这 235 个样本进行了统计分析，共有 11 个假设获得通过，1 个得到相反结论，还有 1 个得到部分支持，总体上验证了本书所提出的理论模型。本章将对这些模型验证的结果进行进一步的分析和讨论，最终得到本书的理论贡献和实践启示。

第一节　对研究结果的讨论

一、结构和关系社会资本在前因和结果间的中介作用

假设 1 描述了信息共享、问题协调和相互信任各自对外包合作绩效的促进作用，并得到实证支持。其中，对信息共享与外包合作绩效的研究首先在离岸服务外包情境下验证了现有组织间社会资本书献的研究结论，即更紧密、及时和直接的互动对于合作的顺利展开、任务的高效完成至关重要。这与许多对结构社会资本与合作绩效关系的研究观点一致，比如 Carey 等（2011）、Lawson 等（2008）和 Krause 等（2007），这些研究都无一例外地强调了相互间进行密切信息沟通的重要性。然而，Noordhoff 等（2011）以及 Villena 等（2011）均指出了这种结构社会资本的“双面性”。它一方面可以保证合作效率和紧密性，另一方面则可能带来精力损耗和知识冗余问题。因此，假设 1 的第二部分指出问题协调是结构社会资本的另一重要构件。问题协调不像信息共享那样重视效率和及时性，而是强调探讨、调整、改变和创新，不仅帮助解决了合作灵活度以及合作深度不够的问题，还帮助提高了合作质量和创

新性。此外，相互信任作为关系社会资本的核心构件，也会对外包合作绩效有直接的正向影响，这在离岸外包情境下验证了已有的组织间研究结论（Inkpen & Tsang，2005）。

假设 8 探讨了目标一致性作为认知社会资本的核心内容对结构和关系社会资本（包括结构社会资本的两个构件和关系社会资本的一个构件）的直接正向作用。假设 9 则探讨了文化差异性对结构和关系社会资本的负向作用。假设 10 则指出了前因（目标一致性和文化差异性）—中介（结构和关系社会资本）—结果（外包绩效）的连接关系。这三个假设都得到实证支持，这首先揭示了外包情境下社会资本三个子维度之间的关系：认知维度作前因，结构和关系维度作中介，外包合作绩效作结果。其次，指出在离岸服务外包情境下，文化相似性作为认知社会资本子维度的不恰当性，并揭示了文化差异性会通过结构和关系维度的社会资本间接损害外包绩效。最后，通过分析组织间文化差异的作用机理，补充了现有离岸服务外包相关文献直接采用国家文化差异衡量组织间文化差异的缺陷（Ribbink & Grimm，2014）。

总的来看，以上结果的通过支持了本书提出的“认知—行为—绩效”的框架，为深入理解组织间社会资本的作用机理做出了积极探索。

二、业务模块化对结构和关系社会资本与合作绩效关系的调节

假设 2、假设 3、假设 4 描述了业务模块化对结构和关系社会资本的三个构件到外包合作绩效直接作用的调节。从实证结果来看，这三个假设都获得了实证支持。

对于假设 2，业务模块化会削弱信息共享在提升外包合作绩效中的作用。这一结论呼应了业务模块化的核心效用，即可以帮助降低模块内外的互动需求和交易成本。Srikanth 和 Puranam（2011）深入研究了外包组织间业务模块化的具体作用机理，并指出业务模块化可以降低通过密集沟通来提升绩效的必要性，从而在降低成本的同时保证了合作质量。Tiwana（2008b）也曾指出外包组织间的业务模块化降低了过程监督的必要性。基于这些研究，本书探讨了发包方—接包方组织间业务模块化对信息共享与绩效的调节，既使用了上述研究的结论，又做了相应拓展。

对于假设 3 和假设 4，业务模块化会分别提升问题协调和相互信任对外包合作绩效的正向作用。Terjesen 等（2012）就曾深入研究了组织间业务模块化的具体作用机理，并指出业务模块化可以使得组织间整合安排对合作绩效发挥更大效用，特别是在不确定性高的时候，这一正向调节效应会变得更强。通过假设 3，这里发现业务模块化会对问题协调这一灵活型、需要不同知识、观点和思路来达成的互动行为的优势发挥带来积极帮助，使该类连接行为更容易发挥其内在优势，带来创新成果和修正不成熟决策。然而通过假设 4，本书发现业务模块化提升了相互信任的重要性，即

由于不能随时监督和保证信息透明，并且需要鼓励接包方基于自身专有知识进行创造类活动，相互信任在提升外包合作绩效中扮演的角色就更重要了。通过假设 3 和假设 4 的验证，我们可以对业务模块化除带来成本优势之外的其他两个特点进行深入理解：创新支持和信任需要。

值得注意的是，结合松耦合等相关文献，假设 2 的研究结果验证和拓展了已有研究中认为分散安排会减弱整合互动对绩效正向作用的观点，而假设 3 和假设 4 则验证和拓展了已有研究中认为分散安排会增强整合互动对绩效正向作用的观点。

三、契约完备性对结构和关系社会资本与合作绩效关系的调节

假设 5、假设 6、假设 7 则探讨了契约完备性对结构和关系社会资本的三个构件到外包合作绩效直接作用的调节。假设 5 被实证结果拒绝，而假设 6 和假设 7 得到数据支持。对于假设 5，原本提出契约完备性会正向提升信息共享对外包合作绩效的正向作用，但实证结果却是相反的，即契约完备性会降低信息共享的重要性。假设 6 得出，契约完备性会负向调节问题协调对外包合作绩效的正向作用。假设 7 则提出，契约完备性会正向调节相互信任对外包合作绩效的正向作用。这样，本书探讨了正式治理（契约完备性）与非正式治理（结构和关系社会资本）在影响外包合作绩效方面的复杂共存机理。

首先，和 Rai 等（2012）的研究一样，假设 5 和假设 6 使得“正式—非正式”矛盾的探讨得到深化。本书不仅探讨了契约—信任的共存关系，还探讨了契约—信息共享、契约—问题协调分别是如何共存的。正如 Rai 等（2012）所指出的，信息共享和问题协调也是重要的非正式治理手段，契约对这二者到绩效的调节作用值得探讨。正式契约治理（Formality）—非正式治理（Informality）是互斥的关系，这是较早被接受和认可的论点。这一派研究指出，实体间关系或者是更紧密（采用社会交互、关系手段）或者是更松散（采用交易契约、经济防范手段），二者是相互排斥的关系。假设 5 和假设 6 就支持了这一观点，指出契约完备性是对信息共享和问题协调的一种排斥，前者会削弱后者在提升合作绩效过程中发挥的作用。一方面，契约完备性会提前做出详细规划，从而削弱了合作过程中进行信息共享和问题协调的必要性；另一方面，契约完备性反而缺乏对深入互动行为的激励，特别会使问题协调这种涉及隐性、专属知识的整合互动发生的意愿（Willingness）降低。

对于假设 5，原本通过文献和逻辑推演，认为契约完备性会有利于双方进行信息共享，因为它会提供一个良好的指导以及宽松的环境，使得信息共享对绩效的促进作用更便于发挥。然而，实证结果却相反，这说明完备的契约其实会替代一部分信息共享在提升合作绩效中扮演的角色，即合作过程中不再需要那么随时、频繁的互

动。一方面，完备的契约使得双方通过随时传递信息来监督对方行为的必要性下降；另一方面，完备的契约已经帮助协调了很多问题，双方按照契约内容做好各自的工作即可，相互间频繁的信息共享对于提升合作绩效作用变得极其有限。

其次，假设 7 支持了契约会增强相互信任对绩效的正向关系。基于松耦合理论的正交观，实体间应该既追求紧密（互惠、信任、合作）又正视松散（用契约防止对方投机），而不是一味认为其中一种是更好的合作安排（Luo，2008）。假设 7 就支持了这一观点，指出契约完备性会补充相互信任对合作绩效的提升作用。这在离岸服务外包的组织间关系中验证了 Luo（2002）、Liu 等（2009）和 Carey 等（2011）的观点。此外，这一结果帮助完善了本书的观点：正式治理（契约完备性）对非正式治理（结构和关系社会资本）既有替代又有补充作用，为现有研究带来有益启示。

四、文化差异性对认知与结构和关系社会资本关系的调节

假设 11、假设 12、假设 13 描述了文化差异性对目标一致性与结构和关系社会资本直接关系的调节作用。从实证结果看，假设 11 得到部分支持，假设 12、假设 13 得到完全支持。假设 11 指出，文化差异性会正向调节目标一致性与信息共享的直接关系；假设 12 和假设 13 则指出，文化差异性会负向调节目标一致性与问题协调、相互信任的直接关系。

对于假设 11，文化差异性会正向增强目标一致性对信息共享的正向作用。这验证和呼应了文化差异会带来知识储备进而为相互学习创造机会的观点。相关学者就指出，收购一个文化不同的公司会很有价值，因为文化差距会使得公司间的能力基础显著不同，互补性更有可能存在。Bjorkman 等（2007）也曾指出，中等水平的组织间文化差异性会通过提升能力互补性而间接促进组织间能力、知识转移。结合 Tiwana（2008c）对 Bridging ties 缺陷的研究，假设 11 深化了上述研究的观点。Bridging ties 的理论内涵，即相互跨越结构洞的合作伙伴，他们拥有异质的背景、经验、知识基础时，往往能带来多样化信息的处理需求和知识转移的潜力（McEvily & Zaheer，1999）。由于目标一致性会提升合作双方分享彼此信息的“动机”，而文化差异性则大量提供了异质信息共享的“机会”，这使目标一致性对信息共享的促进作用大大增强。因此，本书指出文化差异性对信息共享的直接作用是负向的，却会增强目标一致性对信息共享的正向作用。

值得注意的是，本书对假设 11 的验证结果只得到部分支持，造成这个结果的原因解释如下：基于关系观（Relational view），文化差异性会促使合作双方都设置障碍以阻止自身知识被转移，从而不利于信息共享（Larsson et al.，1998；Fang，2011）。因此，这会导致文化差异性的正向调节作用“打折扣”。

对于假设 12，文化差异性会减弱目标一致性对问题协调的正向作用，这一点源于二者在进行问题协调活动上的“动机”和“能力”双缺失。这里的研究结论与探索学习的逻辑相契合，即合作双方进行问题协调这样的探索性活动时，他们亟须动用合作关系中的一些重要元素：灵活的不拘泥于固有合作条款的行动、多样的观点提供，自愿贡献自身专有、隐性知识的意愿等（Sun & Lo，2014）。然而，目标一致性和文化差异性的共同出现却带来了认知僵化、隐性知识贡献动机弱等问题，文化差异性不仅不能弥补目标一致性在提升问题协调上的一些潜在缺陷，还通过损害合作动机加剧了这一问题。

假设 13 得出，文化差异性会减弱目标一致性对伙伴间相互信任的正向作用，这解释了为什么有强烈合作需要、有非常一致目标的双方会相互防范对方的普遍现象。这在很多时候并不是建立目标不够一致的问题，而是合作情景中其他消极因素的干扰作用（Yan & Dooley，2013）。假设 12 和假设 13 的研究结果验证并拓展了大多数文化差异性会作为一个负向调节因素影响主效应的研究观点（Ribbink & Grimm，2014）。

第二节　理论贡献

与现有相关文献相比，本书的理论贡献主要体现在如下几个方面：

第一，基于离岸服务外包的组织间情境，深化了学界对社会资本三个子维度间的相互关系以及它们共同对绩效作用机理的认识。

组织间社会资本书的经典三维度是：结构社会资本、关系社会资本和认知社会资本。但 Villena 等（2011）指出组织间关系管理文献较少同时关注三维度的社会资本，而将三个维度社会资本都包括进来的外包组织间关系研究更是少之又少。本书的研究框架则同时包括了这三个维度的社会资本，使得研究结论更加丰富和立体，对管理实践的启发也更全面。此外，现有文献对这三个维度社会资本各自内涵的认识并不一致，如结构维度只用信息共享代替（Lawson et al. ,2008），认知维度则分为目标一致性和文化相似性两个子维度。但前者的缺陷在于只描述了简单、利用类互动，而没有包含重要的复杂、探索类互动（即问题协调）；后者的不足则在于文化相似性在跨文化合作中是很难建立的，管理人员更应该关注文化差异的问题。针对这两方面缺憾，本书在结构维度的社会资本包含了信息共享和问题协调两个构件，而认知维度则只保留目标一致性，且研究文化差异性在结构和关系社会资本构建中发挥的作用。这一方面可以帮助管理者建立更完整、更有效的结构社会资本，另一方面鼓励他们正视文化差异性的存在而非只关注组织间文化的相似性。最后，现有对社会资本各维度相互间的关系观点不一致，有的研究认为关系维度扮演中介角色（Carey et al. ,2011），有的认为认知维度和关系维度扮演中介角色（Simsek et al. , 2003），有的则完全不管三者之间的相互作用（Ravindran et al. ,2015；Lawson et al. , 2008；Villena et al. ,2011）。针对这个问题，本书的贡献就在于通过“认知—行为—绩效”的框架理顺三维度的前后关系：社会资本的认知维度是前因，结构和关系维度共同描述的合作行为扮演中介角色，外包绩效是结果。这样，本书深化了人们对三维度社会资本作用机理的认识，帮助研究者和管理者认识到，通过结构和关系社会资本的构建来发挥认知社会资本潜在优势的重要性。

第二，基于松耦合理论，系统探讨了松散耦合带来的三种具体表现（业务模块化、契约完备性和文化差异性）对紧密耦合元素（组织间社会资本）与绩效关系的调节效应，拓展了人们对松耦合理论的认识。

本书将松耦合理论引入到组织间社会资本的研究中，响应了 Ketchen 和 Hult（2007）整合组织理论（Organization theory）和组织间关系研究的呼吁。松耦合理论作为一个标准的组织理论得到学者们的广泛讨论，然而组织间层面的研究却很少关注松耦合理论。Luo 等（2011）就指出，松耦合理论将紧密元素和松散元素同时考虑，会给组织间的复杂合作关系（各要素紧密响应并保持各自的独立性）带来更全面的启发，本书支持和深化了这一研究思路。此外，在现有直接或间接使用到松耦合思想的文献中，相关的研究还不够深入。Luo（2008）只是把紧密—松散看成是一个维度的两端，强调找到中间平衡状态的重要性；Liu 等（2012）则只是关注了紧密机制的建立，而没有深入探讨松散因素的存在及作用机理。本书则将社会资本理论强调的三个维度看作紧密因素，而将业务模块化、契约安排和文化差异性则看作松散因素。事实上，业务模块化、契约安排和文化差异性分别对应松耦合理论里的松散导致的三种具体表现：模块化、自主经济裁量和不可避免的差异性（Orton & Weick，1990）。遗憾的是，在组织间层面这三个松散因素没有得到统一关注和系统研究，本书针对这一缺陷做了有意义的探索和分析。最后，松耦合理论帮助本书整合了关于外包成功的两大理论视角：价值创造视角和成本控制视角。前者强调通过合作、沟通、资源互补创造不容易被模仿的能力，构建持续的竞争优势；后者强调通过规避风险、降低交易成本来提升合作绩效。然而，早期这两类研究总是分开的，即便出现在同一个研究中，二者也往往是割裂的（Holcomb & Hitt，2007；Tiwana & Bush，2007）。最新无论是离岸服务外包组织间还是其他组织间关系研究，都强调两类视角的整合、碰撞，以求得出全新的结论（Mathew & Chen，2013；Ribbink & Grimm，2014）。本书就通过松耦合视角将价值创造元素（社会资本的不同子维度）和成本控制元素（业务模块化、契约和文化差异）整合起来研究，基于文献系统研

究了两类构件的共存机理。

第三，业务模块化和契约安排都是组织间相互协调、降低交易风险和提高合作积极性的重要手段，且二者都需要事前甄别和规划。本书从结构和关系社会资本扮演的两大角色（整合互动和非正式治理）出发，深入探讨了它们二者分别与业务模块化和契约完备性的共存机理，具体贡献如下：

（1）深化了人们对组织间业务模块化作用机理的认识。模块化理论也是一个标准的组织理论，近年来被越来越多的组织间研究关注，更被广泛应用于离岸服务外包实践中。Tiwana（2008b）就研究指出，组织间业务模块化并不意味着发包方在管控上的完全放手，外包合作双方需要半模块化（Semimodular）的结构安排。Terjesen等（2012）也发现了模块化对组织间整合互动的补充作用，指出模块化并不意味着子系统之间弱互动甚至不互动，相反，对互动的整合性提出更高要求。本书就进一步深化了这些观点，指出业务模块化安排下，离岸外包合作双方信息共享的重要性下降，但问题协调和相互信任对绩效的直接提升作用则得到加强。这样，我们发现业务模块化是通过降低信息共享的必要性，提升问题协调和相互信任对合作绩效的正向作用来发挥其优势的。

（2）在完备契约（正式治理）条件下，组织间非正式治理（信息共享、问题协调和相互信任）的必要性和重要性是否会下降，现有文献一直都没有定论。本书则在离岸服务外包情境下探讨了这个问题，并弥补了现有研究中只用相互信任一个构件来描述非正式治理的缺陷。首先，本书引入其他两种非正式治理构件（信息共享和问题协调），发现了契约完备性会削弱这两个构件对合作绩效的正向作用，而支持了契约会增强相互信任对绩效正向作用的研究结论。正如Rai等（2012）指出的，非正式治理并非只有信任，还应该包括信息共享、共同规划探讨这些内容。与他们的发现一致，本书发现了契约治理对非正式治理的部分替代作用，即降低了信息共享和问题协调对提升合作绩效的重要性。同时，本书也验证了契约对信任的补充作用，即完备契约会增强伙伴间信任对合作绩效的正向影响，这响应了Cao和Lumineau（2015）对相关文献进行综述之后得出的契约—信任互补观点。在外包治理文献中，本书既有互补又有替代的结论也与Tiwana（2010）保持一致，不同的是，他研究的是行为、结果、氏族控制这些控制理论中的另一派分类之间的交互关系。因此，契约控制不仅通过直接正向作用影响外包绩效，还通过损害信息共享和问题协调的积极作用、增强相互信任的正向作用来影响外包绩效。

第四，本书系统探讨了组织间文化差异对于离岸服务外包合作的社会资本构建和管理以及绩效提升的影响。

现有离岸服务外包合作的研究对文化差异的问题关注很多，但大多数是探讨国家文化差异的问题（Rai et al. ,2009）。事实上，国家的、制度环境的、行业环境的、组织经营历史的差异最终都是要体现在组织文化上的不同，因此组织文化差异性才是直接影响合作行为和绩效的构件。本书发现文化差异性会通过结构和关系社会资本的中介作用间接损害合作绩效，且它会增强目标一致性对信息共享的正向作用，而减弱目标一致性对问题协调和相互信任的正向作用。这样的探索不仅拓展了 Ribbink 和 Grimm（2014）对文化差异性在组织合作框架下扮演前因角色和负面调节角色的研究探索，还响应了 Yan 和 Dooley（2013）对目标一致性影响合作行为的权变因素（特别是文化差异性）的探索。更深入地，本书系统探讨了文化差异性对目标一致性与结构和关系社会资本直接关系的复杂调节作用。

第三节　实践意义

本书获得的一些新颖结论，为我国外包接包方企业和发达国家发包方企业（包括这些企业在中国的子公司或合资公司）的管理者提供了有效构建并管理组织间社会资本的若干建议。

第一，离岸服务外包的发包方和接包方企业通过信息共享、问题协调和相互信任能极大地提升外包合作绩效。

相对于供应商—经销商、研发联盟、合资企业等合作形式，离岸服务外包是一种合作过程较不密切的组织间关系。实践人员可能会认为，发包方企业做好决策、双方签订好合约就可以了，双方不需要过多的互动。本书则发现，发包方和接包方企业不仅需要积极跟彼此共享信息，还需要在问题协调和相互信任方面投入精力，这些方面的努力会对提升外包绩效带来极大帮助。这一点对中国接包方企业尤为重要，我国低廉的成本、优厚的政策、丰富的人力资源和不断提升的技术水平都帮助我国企业接到了大量外包订单，离岸服务外包产业也经历了蓬勃的发展。然而，随着离岸外包任务的知识密集度越来越高、竞争程度的愈发激烈和顾客需求变化的加速，接包方亟待加强与发包方的互动，以更好地应付这些挑战。

本书还启示实践人员：双方互动不仅要关注简单信息共享，问题协调的地位也非常关键。即在建立具体的互动连接方面，离岸服务外包双方不仅要关注及时、多样的知识共享，也同样要在探索式深入互动方面投入精力。李克强总理在 2014 年 11 月 26 日的国务院常务会议上就指出，要下大力升级我国的服务外包产业，不仅要在全球产业链上给别人“出力”，更要“出智慧”，问题协调作为接包方为发包方出创新方案的一个集中体现，对于我国外包接包方提升应对复杂、创新性项目的能力至关重要。另外，外包双方的相互信任也是需要实践人员下大力气关注和建立的，对于外包绩效提升同样很重要。

第二，离岸服务外包的发包方和接包方需要在合作之初就建立一致的合作目标，并通过后续具体的互动行为真正将这一潜在优势转化为绩效。

一致的合作目标是合作关系成立的前提，然而实践人员需要对“目标”进行更深入的了解。除去在具体外包任务目标上的一致，发包方和接包方需要详细评估双方在战略愿景、目标方面的一致程度。Kroes 和 Ghosh（2010）就指出，企业参与外包合作都有其深层次的战略愿景，除了成本、质量方面的目标，还包括柔性、创新度、时间这些方面的目标。如果合作双方仅仅是评估运营目标的一致，而忽略了建立战略目标的一致性，合作过程和结果都会受到负面影响。

此外，本书表明目标一致性与外包合作绩效具有一定的因果联系，但这种联系不是直接的而是间接的，发包方和接包方企业一致的目标是通过交易伙伴间的信息共享、问题解决与相互信任这些中介行为的互动来提升双方合作绩效的。了解这种中介路径关系对实践者具有一定的指导意义。它启示管理者构建一致的合作目标并不能直接带来良好的合作绩效。在建立了一致目标之后，离岸服务外包双方不应该对合作过于自信，而应该关注互动“数量”（信息共享和问题协调）和互动“质量”（相互信任）的建立，这样才能真正将目标一致性的潜在优势转化为合作成功。

第三，外包关系双方的组织间文化差异会通过损害合作行为（信息共享、问题协调和相互信任）而间接损害绩效。

组织间文化差异是国际企业合作的普遍问题，离岸服务外包合作也不例外。由于离岸外包合作不仅是跨组织边界的合作，也是跨文化、跨地域的合作，因此诸多因素导致的组织间文化差异问题就变得很突出。本书通过实证研究指出，组织间文化差异会阻碍双方进行信息共享、问题协调和相互信任，进而间接损害合作绩效。组织间文化差异还会调节目标一致性与三种行为构件的直接关系，具体表现在：文化差异性会增强目标一致性对信息共享的正向作用，却减弱其对问题协调和相互信任的正向作用。这启发实践人员要紧密关注组织间文化差异带来的负面作用，尽量在合作之初就对双方的组织文化差异水平进行评估和适应，因为这种差异不仅直接损害合作行为和合作绩效，还削弱目标一致性的积极作用。

第四，业务模块化水平较高时，外包双方应该主动降低通过信息共享提升合作绩效的期望，而注意利用问题协调、相互信任对外包合作绩效更加显著的促进作用。

本书发现，离岸服务外包下的业务模块化会削弱相互间转移信息的重要性。这启示管理者在设计好接包方的任务模块之后，双方就不必再投入大量精力密集、频繁地共享信息，这会节省大量时间和精力，从而降低合作成本。另外，外包业务模块化会提升问题协调的重要性。外包双方应该重视探讨一些新问题、新思路，这种共同探索学习在业务模块化下会变得更有效。基于模块化的任务，接包方与发包方讨论更容易得到有价值的创新成果和全新解决方案。最后，业务模块化的背景下，双方要更重视相互信任的建立，业务模块化的“黑箱”使得伙伴间相互信任变得极其关键，其会帮助接包方建立更高的合作动力和自觉性，从而更好地促进外包合作成功。

第五，契约完备性水平较高时，外包双方应该主动降低通过信息共享和问题协调提升合作绩效的期望，而注意利用相互信任对外包合作绩效的更显著促进作用。

契约（正式）治理会削弱信息共享和问题协调对外包合作成功的正向作用。这启示管理者在拥有比较完备的契约安排下如果继续进行密切的信息交换和新问题探讨对于外包合作绩效的提升作用会变得很有限。换句话说，管理人员应在签订完备的契约之后，减少在相互间信息共享和问题协调上的精力投入，否则会加大运营成本和引发冲突。此外，契约和信任不仅可以在离岸服务外包合作中同时使用，前者对后者还有支持作用。管理人员不应该在建立高水平相互信任后忽略契约完备性的补充作用，后者会帮助相互信任更好地监督合作行为和提升合作效率。

总的来看，鉴于 Gartner 在澳大利亚的一个调查结果显示，只有 31%的离岸服务外包合作绩效令人满意，其中两个主要原因就是“互动连接失败”和“成本超出预期”。本书的多个结论可以帮助离岸服务外包合作双方（特别是我国接包方企业）有效应对以上两个问题。

第七章　研究结论与展望

第一节　主要研究结论

本书在社会资本理论、松耦合理论和相关文献（模块化安排、契约治理和文化差异）的基础上，构建了离岸服务外包组织间社会资本所涉及的三对矛盾对合作绩效的作用机理模型，并通过对接包地点在中国的235对离岸服务外包合作关系的调研，运用统计分析方法对提出的理论模型和相关假设进行了检验。

通过理论探讨和实证检验，本书得到如下一些有意义的研究结论：

第一，业务模块化对结构和关系社会资本与外包绩效的正向关系既有减弱又有增强。具体而言，业务模块化会减弱信息共享与外包合作绩效的正向关系，也会加强问题协调、相互信任分别与外包绩效的正向关系。

第二，契约完备性对结构和关系社会资本与外包绩效的正向关系既有减弱又有增强。具体而言，契约完备性会分别减弱信息共享、问题协调对外包合作绩效的正向作用，而加强相互信任对外包合作绩效的正向作用。

第三，文化差异性对目标一致性与结构和关系社会资本的正向关系既有增强又有减弱。具体而言，文化差异性会增强目标一致性对信息共享的正向作用，而分别减弱目标一致性对问题协调和相互信任的正向作用。

第四，结构和关系社会资本在前因（目标一致性和文化差异性）和结果（离岸服务外包绩效）之间扮演中介的角色。

第二节　本书的创新点

在先前相关研究的基础上，本书首次通过整合紧密因素和松散因素提出了组织间合作的概念模型，提出并实证检验了相应的假设，从而全面、深入地分析了组织间合作中社会资本、业务模块化、契约完备性、文化差异性和外包绩效之间的关系。概括起来，本书的创新性主要体现在如下三点：

第一，发现外包业务模块化减弱了信息共享对外包绩效的正向作用，却增强了问题协调、相互信任分别对绩效的正向作用。

在业务模块化的分散安排下，组织间的整合互动的必要性和重要性是否会下降，现有文献一直存在争议（Tiwana，2008b；Terjesen et al.，2012）。Srikanth 和 Puranam（2011）曾指出，组织间模块化安排会降低整合互动对合作绩效的正向作用；Terjesen 等（2012）则发现，组织间模块化安排会提升整合互动对合作绩效的正向作用。本书将整合互动细化为信息共享、问题协调和相互信任三个构件，详细验证了业务模块化对这三个构件与外包绩效关系的调节作用。结果发现，业务模块化负向调节信息共享对绩效的直接作用，而正向调节问题协调、相互信任对绩效的直接作用。所得结论说明，上述文献中两种论点都成立，并揭示了分歧原因在于没有细分不同构件。进一步地，这也加深了我们对模块化作用机理的理解：组织间业务模块化通过降低信息共享的必要性（成本节约）和提升问题协调、相互信任对绩效的积极作用（价值创造）而间接帮助了外包合作成功。

第二，发现外包契约完备性减弱了信息共享、问题协调分别对外包绩效的正向作用，却加强了相互信任对绩效的正向作用。

在完备契约（正式治理）条件下，组织间非正式治理（信息共享、问题协调和相互信任）的必要性和重要性是否会下降，文献存在相反的两种结论（Cao & Lumineau，2015；Rai et al.，2012；Huber et al.，2013；Liu et al.，2009）。Wang 等（2011）指出，组织间完备契约会降低非正式治理（只包含信任）对合作绩效的正向作用；Carey 等（2011）则发现，组织间契约治理会提升非正式治理（只包含信任）对合作绩效的正向作用。本书详细验证了契约完备性对信息共享、问题协调和相互信任三种非正式治理构件与外包绩效关系的调节作用，结果发现对有的关系是增强作用，对有的关系则是减弱作用。这很好地解释了文献中关于契约治理和非正式治理共存关系的矛盾结论。此外，不同于对模块化的探讨，松耦合理论在治理机制方面的应用是很少的，目前仅有 Luo 等（2011）讨论过松耦合理论对两类治理机制的启示，且他们只是基于松耦合视角提出非正式和正式治理机制是同时存在的，并未深入探讨二者的相互影响。因此，本书在松耦合理论与两类治理机制的整合研究方面做了有意义的探索，所得结论也启发实践者：契约完备性下，管理者应降低通过信息共享和问题协调来提升合作绩效的预期，而积极发挥信任与契约对绩效的联合正向作用。

第三，发现组织间文化差异性增强了目标一致性对信息共享的正向作用，却减弱了目标一致性分别对问题协调和相互信任的正向作用。

在组织间文化差异水平较高的情境下，组织间目标一致性的重要性是否会下降，当前文献存在相反的两种结论。Yan 和 Dooley（2013）指出，组织间文化差异会增强

目标一致性对合作绩效的正向作用；Ribbink 和 Grimm（2014）则发现，组织间文化差异会减弱一致合作战略对绩效的正向作用。本书详细探讨了文化差异性对目标一致性与三个行为构件（信息共享、问题协调和相互信任）直接关系的调节作用，结果发现文化差异性的正向和负向调节作用都存在。这很好地解释了文献关于文化差异性和目标一致性共存关系的矛盾结论。此外，本书还探讨了三个行为构件在前因（文化差异性、目标一致性）和结果（外包绩效）之间的中介作用。这回应了 Zheng（2010）对于认知因素与行为因素同时出现时，认知对合作绩效作用不显著的质疑。

第三节　本书的研究不足与未来展望

总体上看，本书的研究工作扎实充分，达到了预期的研究目标，结论具有一定的创新性以及理论、实践意义。然而，本书在理论探讨和研究方法上也存在一些局限性，这会为今后的进一步研究提供启示。

第一，本书仅仅是基于离岸服务外包这样一个特定产业进行的数据搜集，验证的是一个普遍适用于组织间合作的分析框架，本书的框架可广泛用于供应链 Buyer-supplier、股权联盟、普通契约联盟、合作研发等情境中。由于离岸服务外包具有其自身的特殊属性（如跨文化合作、发包方决策主导），本书的研究结论能否应用于组织间合作关系的其他情境，还需要未来研究做进一步努力。

第二，本书创新性地探讨了组织间模块化与结构和关系社会资本的复杂共存机理，但模块化的测量仅从流程一个维度进行，未来可以尝试从多维度（如动态团队、业务模块化、产品模块化）测量，从而更全面反映模块化的具体机理（Terjesen et al. ,2012）。此外，结构和关系社会资本毕竟是组织间紧密耦合机制中的一部分，其他的诸如知识整合机制、流程整合机制，甚至合作一方的独立整合机制是如何与组织间模块化共存的都值得深入探讨。此外，本书发现业务模块化对外包合作绩效的直接作用是负向显著，这一结论与 Tiwana（2008b）等相关文献的结论是相反的，虽然本书没有探讨业务模块化与外包合作绩效的直接关系，但这一相反结论值得未来进一步探讨。

第三，本书创新性地探讨了组织间契约完备性与结构和关系社会资本的复杂共存机理，正如本书理论部分所提及，契约也包含多个子维度，如条款专属性、权变调整性、复杂性、循环性等（Luo，2002；Poppo & Zhou，2014），这些子维度如何与非正式控制（即结构和关系社会资本）共存，值得进一步探讨。

第四，本书创新性地探讨了组织间目标一致性与文化差异性的复杂共存机理，发现了它们的不完全互斥关系。对文化差异性带来的负面调节效应，本书并没有提出一个解决方案，接下来可以探讨战略判断、组织设计（如业务模块化、契约制定）等方面的可以提供的改进措施。另外，组织间差异不只包括文化差异，还有技术差异、流程差异等（Lavie et al.,2012），未来可以探讨这些方面的组织间差异与目标一致如何共存的问题。然而，当用国家文化差异代替本书的组织文化差异时，结论是否会不一样，也是未来值得研究的一个方面。

第五，本书采用接包方管理者自我汇报的方式来收集问卷数据，即所有测量数据都是通过离岸服务外包的管理者进行主观打分获得。这种管理者的主观打分法会受到如下因素的干扰：管理者对题项的容易接受程度、对单边所填信息的了解程度、自身受教育程度、填写问卷的心情等（Weterings & Koster，2007），进而容易产生共同方法偏差的问题。尽管本书采用学界最严谨的方法排除了这些干扰，但如果能结合二手公共资料进行数据收集可能更有说服力。今后的研究可以尝试从多个方面搜集数据的方式（包括搜集组织间合作的双边数据）来评估本书提出的变量间关系，相信会得出更丰富和更有力的结论。

参考文献

[1] Adegbesan JA, Higgins MJ. The intra alliance division of value created through collaboration [J]. Strategic Management Journal, 2011 (32): 187-211.

[2] Adler PS, Kwon SW. Social capital: Prospects for a new concept [J]. Academy of Management Review, 2002, 27 (1): 17-40.

[3] Adler PS, Kwon SW. Social capital: the good, the bad, and the ugly. In: Lesser, E. L. (Ed.), Knowledge and Social Capital: Foundations and Applications [M]. Woburn, MA: Butterworth-Heinemann, 2000.

[4] Argyres NS, Bercovitz J, Mayer KJ. Complementarity and evolution of contractual provisions: An empirical study of IT services contracts [J]. Organization Science, 2007 (18): 3-19.

[5] Argyres NS, Mayer KJ. Contract design as a firm capability: An integration of learning and transaction cost perspectives [J]. Academy of Management Review, 2007 (32): 1060-1077.

[6] Aron R, Singh JV. Getting offshoring right [J]. Harvard Business Review, 2005, (12): 135-143.

[7] Arranz N, de Arroyabe J. Effect of formal contracts, relational norms and trust on performance of joint research and development projects [J]. British Journal of Management, 2012, 23 (4): 575-588.

[8] Aundhe MD, Mathew SK. Risks in offshore IT outsourcing: A service provider perspective [J]. European Management Journal, 2009 (27): 418-428.

[9] Bagozzi RP, Verbeke W, Gavino JCJ. Culture moderates the self-regulation of shame and its effects on performance: The case of salespersons in the Netherlands and the Philippines [J]. Journal of Applied Psychology, 2003, 88 (2): 219-233.

[10] Baldwin CY, Clark KB. The architecture of participation: Does code architecture mitigate free riding in the open source development model? [J]. Management Science, 2006, 52 (7): 1116-1127.

[11] Barney JB. Firm resources and sustained competitive advantage [J]. Journal of

Management, 1991, 17 (1): 99-120.

[12] Barney JB. How a firm's capabilities affect boundary decisions [J]. Sloan Management Review, 1999, 40 (3): 137-145.

[13] Baron R, Kenny D. The moderator-mediator variable distinction in social psychological research: Conceptual, strategic, and statistical considerations [J]. Journal of Personality and Social Psychology, 1986, 51 (6): 1173-1182.

[14] Baron RA, Markman GD. Beyond social capital: The role of entrepreneurs' social competence in their financial success [J]. Journal of Business Venturing, 2003, 18 (1): 41-60.

[15] Barringer BR, Harrison JS. Walking a tightrope: Creating value through interorganizational relationships [J]. Journal of Management, 2000 (26): 367-403.

[16] Barthelemy J, Quelin BV. Complexity of outsourcing contracts and ex post transaction costs: An empirical investigation [J]. Journal of Management Studies, 2006 (43): 1775-1797.

[17] Beekun R, Glick WH. Organization structure from a loose coupling perspective: A multidimensional approach [J]. Decision Sciences, 2001, 32 (2): 227-250.

[18] Benaroch M, Dai Q, Kauffman RJ. Should we go our own way? Backsourcing flxibility in IT services contracts [J]. Journal of Management Information Systems, 2010, 26 (4): 317-358.

[19] Bjorkman I, Stahl G, Vaara E. Cultural differences and capability transfer in cross-border acquisitions: The mediating roles of capability complementarity, absorptive capacity, and social integration [J]. Journal of International Business Studies, 2007 (38) 658-672.

[20] Blau PM. Exchange mid power in social life [M]. New York, NY: Wiley, 1964.

[21] Bloodgood JM, Chae B. Organizational paradoxes: Dynamic shifting and integrative management [J]. Management Decision, 2010, 48 (1): 85-104.

[22] Bourdieu P. The forms of social capital: Handbook of theory and research for the sociology of education [M]. Westport, CT: Greenwood Press, 1986.

[23] Brett JM. Negotiating globally: How to negotiate deals, resolve disputes, and make decisions across cultural boundaries, 2nd ed [M]. New York: Wiley, 2007.

[24] Building supply and export capacity: The case of offshored services [EB/OL]. UNCTAD. [2013-10]. http://unctad.org/en/PublicationsLibrary/ditctncd2013d10_ en.pdf.

[25] Burkert M, Ivens B, Shan J. Governance mechanisms in domestic and interna-

tional buyer-supplier relationships: An empirical study [J]. Industrial Marketing Management, 2012, 41 (3): 544-556.

[26] Burt RS. Structural holes and good ideas [J]. American Journal of Sociology, 2004, 110 (2): 349-399.

[27] Burt RS. The contingent value of social capital [J]. Administrative Science Quarterly, 1997, 42 (2): 339-365.

[28] Burt RS. Structural holes: The social structure of competition [M]. Cambridge, MA: Harvard University Press, 1992.

[29] Campagnolo D, Camuffo A. The concept of modularity in management studies: A literature review [J]. International Journal of Management Review, 2014, 12 (3): 259-283.

[30] Caniato F, Elia S, Luzzini D, and et al. Location drivers, governance model and performance in service offshoring [J]. International Journal of Production Economics, 2015 (163): 189-199.

[31] Cao Z, Lumineau F. Revisiting the interplay between contractual and relational governance: A qualitative and meta-analytic investigation [J]. Journal of Operations Management, 2015, 33-34 (1): 15-42.

[32] Carey M. Modularity times three [J]. Sea Power, 1997, 40 (4): 81-84.

[33] Carey S, Lawson B, Krause DR. Social capital configuration, legal bonds and performance in buyer-supplier relationships [J]. Journal of Operations Management, 2011 (29): 277-288.

[34] Carson SJ, Madhok A, Wu T. Uncertainty, opportunism, and governance: The effects of volatility and ambiguity on formal and relational contracting [J]. Academy of Management Journal, 2006, 49 (5): 1058-1077.

[35] Castro I, Roldan JL. A mediation model between dimensions of social capital [J]. International Business Review, 2013, (22): 1034-1050.

[36] Chang R, Chang Y, Paper D. The effect of task uncertainty, decentralization and AIS characteristics on the performance of AIS: An empirical case in Taiwan [J]. Information & Management, 2003 (40): 411-431.

[37] Chase RB, Tansik DA. The customer contact model for organization design [J]. Management Science, 1983, (29): 1037-1050.

[38] Chaserant C. Cooperation, contracts and social networks: From a bounded to a procedural rationality approach [J]. Journal of Management and Governance, 2003, 7 (2): 163-186.

［39］ Chen KM，Liu RJ. Interface strategies in modular product innovation ［J］. Technovation，2005（25）：771-782.

［40］ Chiu CM，Hsu MH，Wang ETG. Understanding knowledge sharing in virtual communities：An integration of social capital and social cognitive theories ［J］. Decision Sciences，2006（42）：1872-1888.

［41］ Choudhury V，Sabherwal R. Portfolios of control in outsourced software development projects ［J］. Information Systems Research，2003，14（3）：291-314.

［42］ Churchill G. A paradigm for developing better measures of marketing constructs ［J］. Journal of Marketing Research，1979，16（1）：64-73.

［43］ Cialdini RB，Reno RR，Kallgren CA. A focus theory of normative conduct：Recycling the concept of norms to reduce littering in public places ［J］. Journal of Personality and Social Psycology，1990（58）：1015-1026.

［44］ Clampit J，Kedia B，Fabian F，Gaffney N. Offshoring satisfaction：The role of partnership credibility and cultural complementarity ［J］. Journal of World Business，2015，50（1）：79-93.

［45］ Coase RH. The nature of the firm ［J］. Economica，1937（NS 4）：386-405.

［46］ Cohen WM，Levinthal DA. Absorptive capacity：A new perspective on knowledge spillovers and innovation ［J］. Administrative Science Quarterly，1990（35）：128-152.

［47］ Coleman JS. Foundations of social theory ［M］. Cambridge，MA：Belknap Press of Harvard University Press，1990.

［48］ Coleman JS. Social capital in the creation of human capital ［J］. American Journal of Sociology，1988，94：95-120.

［49］ Connelly BL，Miller T，Devers CE. Under a cloud of suspicion：Trust，distrust，and their interactive effect in interorganizational contracting ［J］. Strategic Management Journal，2012（33）：820-833.

［50］ Cousins PD，Menguc B. The implications of socialization and integration in supply chain management ［J］. Journal of Operations Management，2006，24（5）：604-620.

［51］ Crocker KJ，Reynolds KJ. The efficiency of incomplete contracts：An empirical analysis of air force engine procurement ［J］. RAND Journal of Economics，1993（24）：126-146.

［52］ Curall SC，Inkpen AC. A multilevel approach to trust in joint ventures ［J］. Journal of International Business Studies，2002，33（3）：479-495.

［53］ Das TK，Teng BS. A resource-based theory of strategic alliances ［J］. Journal of

Management, 2000 (26): 31-61.

[54] Das TK, Teng BS. Trust, control, and risk in strategic alliances: An integrated framework [J]. Organization Studies, 2001, 22 (2): 251-283.

[55] De Carolis DM, Saparito P. Social capital, cognition, and entrepreneurial opportunities: A theoretical framework [J]. Entrepreneurship Theory and Practice, 2006, 30 (1): 41-56.

[56] De Clercq D, Dimov D, Thongpapanl N. Organizational social capital, formalization, and internal knowledge sharing in entrepreneurial orientation formation [J]. Entrepreneurship Theory and Practice, 2013, 37 (3): 505-537.

[57] De Clercq D, Thongpapanl N, Dimov D. A closer look at cross-functional collaboration and product innovativeness: Contingency effects of structural and relational context [J]. Journal of Product Innovation Management, 2011 (28): 680-697.

[58] De Clercq D, Thongpapanl N, Dimov D. When good conflict gets better and bad conflict becomes worse: The role of social capital in the conflict-innovation relationship [J]. Journal of the Academy of Marketing Science, 2009 (37): 283-297.

[59] Dekker HC. Control of inter-organizational relationships: Evidence on appropriation concerns and coordination requirements [J]. Accounting, Organizations and Society, 2004 (29): 27-49.

[60] Dillman D. Mail and telephone surveys: The total design method [M]. New York: John Wiley & Sons, 1978.

[61] Doz Y, Hamel G. Alliance advantage: The art of creating value through partnering [M]. Boston, MA: Harvard Business School Press, 1998.

[62] Dyer JH, Chu W. The role of trustworthiness in reducing transaction costs and improving performance: Empirical evidence from the United States, Japan and Korea [J]. Organization Science, 2003, 14 (1): 57-68.

[63] Dyer JH, Singh H. The relational view: Cooperative strategy and sources of interorganizational competitive advantage [J]. Academy of Management Review, 1998, 23 (4): 660-679.

[64] Dyer JH. Effective interfirm collaboration: How firms minimize transaction costs and maximize transaction value [J]. Strategic Management Journal, 1997 (18): 553-556.

[65] Eckhard B, Mellewigt T. Contractual functions and contractual dynamics in inter-firm relationships: What we know and how to proceed? [R/OL]. Working paper No. 88, University of Paderborn. http://ssrn.com/abstract=899527, 2005.

[66] Erlicher L, Massone L. Human factors in manufacturing: New patterns of cooperation for company governance and the management of change [J]. Human Factors and Ergonomics in Manufacturing, 2005, 15 (4): 403-419.

[67] Faems D, Janssens M, Madhok A, and et al. Toward an integrative perspective on alliance governance: Connecting contract design, trust dynamics, and contract application [J]. Academy of Management Journal, 2008 (51): 1053-1078.

[68] Fang E. The effect of strategic alliance knowledge complementarity on new product innovativeness in China [J]. Organization Science, 2011, 22 (1): 158-172.

[69] Feitzinger E, Lee HL. Mass customization at hewlett-packard: The power of postponement [J]. Harvard Business Review, 1997, 75 (1): 116-121.

[70] Fine CH, Golany B, Naseraldin H. Modeling tradeoffs in three-dimensional concurrent engineering: A goal programming approach [J]. Journal of Operations Management, 2005, 23 (3-4): 389-403.

[71] Fischer HM, Pollock TG. Effects of social capital and power on surviving transformational change: The case of initial public offerings [J]. Academy of Management Journal, 2004, 47 (4): 463-481.

[72] Fornell C, Larcker D. Evaluating structural equation models with unobservable variables and measurement error [J]. Journal of Marketing Research, 1981 (18): 39-50.

[73] Gelfand MJ, Christakopoulou S. Culture and negotiator cognition: Judgment accuracy and negotiation processes in individualistic and collectivistic cultures [J] . Organizational Behavior and Human Decision Processes, 1999, 79 (3): 248-269.

[74] Gerbl M, McIvor R, Loane S, and et al. A multi-theory approach to understanding the business process outsourcing decision [J]. Journal of World Business, 2015, 50 (3): 505-518.

[75] Ghoshal S, Moran P. Bad for practice: A critique of the transaction cost theory [J]. Academy of Management Review, 1996, 21 (1): 13-47.

[76] Glassman RB. Persistence and loose coupling in living systems [J]. Behavioral Science, 1973 (18): 83-98.

[77] Gong Y, Shenkar O, Luo Y, and et al. Do multiple parents help or hinder international joint venture performance? The mediating roles of contract completeness and partner cooperation [J]. Strategic Management Journal, 2007 (28): 1021-1034.

[78] Gonzalez GR, Claro DP, Palmatier RW. Synergistic effects of relationship managers' social networks on sales performance [J]. Journal of Marketing, 2014 (78): 76-94.

[79] Goo J, Huang CD, Hart P. A path to successful IT outsourcing: Interaction between service-level agreements and commitment [J]. Decision Sciences, 2008, 39 (3): 469-506.

[80] Gopal A, Gosain S. The role of organizational controls and boundary spanning in software development outsourcing: Implications for project performance [J]. Information Systems Research, 2010, 21 (4): 960-982.

[81] Gopal A, Koka BR. The asymmetric benefits of relational flexibility: Evidence from software development outsourcing [J]. MIS Quarterly, 2012, 36 (2): 553-576.

[82] Gopal A, Koka BR. The role of contracts on quality and returns to quality in offshore software development outsourcing [J]. Decision Sciences, 2010, 41 (3): 491-516.

[83] Gopal A, Sivaramakrishnan K, Krishnan MS, and et al. Contracts in offshore software development: An empirical analysis [J]. Management Science, 2003, 49 (12): 1671-1683.

[84] Gopalakrishnan S, Scillitoe JL, Santoro MD. Tapping deep pockets: The role of resources and social capital on financial capital acquisition by biotechnology firms in biotech-pharma alliances [J]. Journal of Management Studies, 2008, 45 (8): 1354-1376.

[85] Granovetter MS. Problems of explanation in economic sociology. In N. Nohira & R. Eccles (Eds.), Networks and organizations: Structure, form and action [M]. Boston, MA: Harvard Business School Press, 1992.

[86] Granovetter M. Economic action and social structure: The problem of embeddedness [J]. American Journal of Sociology, 1985, 91 (3): 481-510.

[87] Grant RM. The resource-based theory of competitive advantage: Implications for strategy formulation [J]. California Management Review, 1991, 33 (1): 114-135.

[88] Griffith D, Harmancioglu N, Droge C. Governance decisions for the offshore outsourcing of new product development in technology intensive markets [J]. Journal of World Business, 2009 (44): 217-224.

[89] Gulati R, Singh H. The architecture of cooperation: Managing coordination costs and appropriation concerns in strategic alliances [J]. Administrative Science Quarterly, 1998 (43): 781-794.

[90] Gulati R. Alliances and networks [J]. Strategic Management Journal, 1998, 19 (4): 293-317.

[91] Gulati R. Does familiarity breed trust? The implications of repeated ties for contractual choice in alliances [J]. Academy of Management Journal, 1995, 38 (1): 85-112.

[92] Hall ET. Beyond culture [M]. NY: Doubleday, Garden City, 1976.

[93] Han HS, Lee JN, Seo YW. Analyzing the impact of a firm's capability on outsourcing success: A process perspective [J]. Information & Management, 2008 (45): 31-42.

[94] Handley SM, Benton WC. The influence of task - and location - specific complexity on the control and coordination costs in global outsourcing relationships [J]. Journal of Operations Management, 2013 (31): 109-128.

[95] Handley SM, Benton WC. Unlocking the business outsourcing process model [J]. Journal of Operations Management, 2009 (27): 344-361.

[96] Handley SM. The perilous effects of capability loss on outsourcing management and performance [J]. Journal of Operations Management, 2012 (30): 152-165.

[97] Hanifan LJ. The community center [M]. Boston: SIlver Burdette, 1920.

[98] He ZL, Wong PK. Exploration vs exploitation: An empirical test of the ambidexterity hypothesis [J]. Organization Science, 2004, 15 (4): 481-494.

[99] Hoetker G. Do mudular products lead to modular organizations [J]. Strategic Management Journal, 2006, 27 (6): 501-518.

[100] Hofstede G, Hofstede GJ, Minkov M. Cultures and organizations [M]. London: McGrawHill, 2010.

[101] Hofstede G. Culture and organization: Software of the mind [M]. New York: McGraw Hill, 1991.

[102] Hofstede G. Culture's consequences: International differences in work-related values [M]. London: Sage Publications, 1980.

[103] Hoogeweegen MR, Teunissen WJM, Vervest PHM, and et al. Modular network design: Using information and communication technology to allocate production tasks in a virtual organization [J]. Decision Sciences, 1999, 30 (4): 1073-1103.

[104] Huber T, Fischer T, Dibbern J, and et al. A process model of complementarity and substitution of contractual and relational governance in IS outsourcing [J]. Journal of Management Information Systems, 2013 (30): 81-114.

[105] Im G, Rai A. Knowledge sharing ambidexterity in long-term interorganizational relationships [J]. Management Science, 2008, 54 (7): 1281-1296.

[106] Inkpen AC, Tsang EWK. Social capital, networks, and knowledge transfer [J]. Academy of Management Review, 2005, 30: 146-165.

[107] Jacobs J. The death and life of great American cities [M]. New York: Random House, 1961.

[108] Jacobs M, Droge C, Vickery SK, and et al. Product and process modularity's effects on manufacturing agility and firm growth performance [J]. Journal of Product Innovation Management, 2011 (28): 123-137.

[109] Jap SD, Ganesan S. Control mechanisms and the relationship life cycle: Implications for safeguarding specific investments and developing commitment [J]. Journal of Marketing Research, 2000, 37 (2): 227-245.

[110] Jayaraman V, Narayanan S, Luo Y. Offshoring business process services and governance control mechanisms: An examination of service providers from India [J]. Production and Operations Management, 2013, 22 (2): 314-334.

[111] Jiang X, Li M, Gao S, and et al. Managing knowledge leakage in strategic alliances: The effects of trust and formal contracts [J]. Industrial Marketing Management, 2013, 42 (6): 983-991.

[112] Kemper J, Schilke O, Brettel M. Social capital as a microlevel origin of organizational capabilities [J]. Journal of Production Innovation Management, 2013, 30 (3): 589-603.

[113] Ketchen DJ, Hult GTM. Bridging organization theory and supply chain management: The case of best value supply chains [J]. Journal of Operations Management, 2007, 25 (2): 573-580.

[114] Kim D. Understanding supplier structural embeddedness: A social network perspective [J]. Journal of Operations Management, 2014 (32): 219-231.

[115] King WR, Torkzadeh G. Information systems offshoring: Research status and issues [J]. MIS Quarterly, 2008, 32 (2): 205-225.

[116] Klein WR, Hillebrand B, Nooteboom B. Trust, contract and relationship development [J]. Organization Studies, 2005 (26): 813-840.

[117] Klitmoller A, Lauring J. When global virtual teams share knowledge: Media richness, cultural distance and language commonality [J]. Journal of World Business, 2013 (48): 398-406.

[118] Koka BR, Prescott JE. Strategic alliances as social capital: A multidimensional view [J]. Strategic Management Journal, 2002, 23 (9): 795-816.

[119] Kraaijenbrink J, Spender JC, Groen AJ. The resource-based view: A review and assessment of its critiques [J]. Journal of Management, 2010, 36 (1): 349-372.

[120] Krause DR, Pagell M, Curkovic S. Toward a measure of competitive priorities for purchasing [J]. Journal of Operations Management, 2007, 25 (2): 528-545.

[121] Lado AA, Dant RR, Tekleab AG. Trust-opportunism paradox, relationalism, and performance in interfirm relationships: Evidence from the retail industry [J]. Strategic Management Journal, 2008 (29): 401-423.

[122] Lahiri S, Kedia BL, Mukherjee D. The impact of management capability on the resource-performance linkage: Examining Indian outsourcing providers [J]. Journal of World Business, 2011 (47): 145-155.

[123] Lahiri S, Kedia BL. The effects of internal resources and partnership quality on firm performance: An examination of Indian BPO providers [J]. Journal of International Management, 2009 (15): 209-224.

[124] Lane PJ, Lubatkin MH. Relative absorptive capcity and interorganizational learning [J]. Strategic Management Journal, 1998, 19 (5): 461-477.

[125] Langfred CW. The paradox of self-management: Individual and group autonomy in work groups [J]. Journal of Organizational Behavior, 2000 (21): 563-585.

[126] Langlois RN, Robertson PN. Networks and innovation in a modular systems: Lessons from the microcomputer and stereo component industries [J]. Research Policy, 1992 (21): 297-313.

[127] Langlois RN, Savage DA. Standards, modularity and innovation: The case of medical practices. In Path dependence and creation [M]. Mahwah, NJ: Lawrence Erlbaum, 2001.

[128] Larsson R, Bengtsson L, Henriksson K, and et al. The interorganizational learning dilemma: Collective knowledge development in strategic alliances [J]. Organization Science, 1998, 9 (3): 285-305.

[129] Lau AKW, Yam RCM, Tang E. The impact of product modularity on new product performance: Mediation by product innovativenss [J]. Journal of Product Innovation Management, 2011 (28): 270-284.

[130] Lavie D, Haunschild P, Khanna P. Organizational differences, relational mechanisms, and alliance performance [J]. Strategic Management Journal, 2012, 33 (13): 1453-1479.

[131] Lavie D. The competitive advantage of interconnected firms: An extension of the resource-based view [J]. Academy of Management Review, 2006, 31 (3): 638-658.

[132] Lawson B, Tyler BB, Cousins PD. Antecedents and consequences of social capital on buyer performance improvement [J]. Journal of Operations Management, 2008, 26 (3): 446-460.

[133] Lee JN, Huynh MQ, Hirschheim R. An integrative model of trust on IT outsourcing: Examining a bilateral perspective [J]. Information Systems Frontiers, 2008 (10): 145-163.

[134] Lee JN, Kim YG. Effect of partnership quality on IT outsourcing success: Conceptual framework and empirical validation [J]. Journal of Management Information Systems, 1999, 15 (4): 29-61.

[135] Lee JN, Miranda SM, Kim YM. IT outsourcing strategies: Universalistic, contingency, and configurational explanations of success [J]. Information Systems Research, 2004, 15 (2): 110-131.

[136] Lee JN. The impact of knowledge sharing, organizational capability and partnership quality on IS outsourcing success [J]. Information & Management, 2001 (38): 323-335.

[137] Lee S, Shenkar O, Li J. Cultural distance, investment flow, and control in cross-border cooperation [J]. Strategic Management Journal, 2008 (29): 1117-1125.

[138] Leiblein MJ. The choice of organizational governance form and performance: Predictions from tranaction cost, resource-based, and real options theories [J]. Journal of Management, 2003 (29): 937-961.

[139] Lester RH, Hillman AY, Zardkoohi A, and et al. Former government officials as outside directors: The role of human and social capital [J]. Academy of Management Journal, 2008, 51 (5): 999-1013.

[140] Lewin AY, Peeters C. Offshoring work: Business hype or the onset of fundamental transformation [J]. Harvard Business Review, 2006 (39): 221-239.

[141] Lewis JD, Weigert A. Trust as a soial reality [J]. Social Forces, 1985 (63): 967-985.

[142] Li J, Poppo L, Zhou K. Relational mechanisms, formal contracts, and local knowledge acquisition by international subsidiaries [J]. Strategic Management Journal, 2010a, 31 (4): 349-370.

[143] Li Y, Li PP, Liu Y, and et al. Learning trajectory in offshore OEM cooperation: Transaction value for local suppliers in the emerging economies [J]. Journal of Operations Management, 2010c (28): 269-282.

[144] Li Y, Wei Z, Liu Y. Strategic orientations, knowledge acquisition, and firm performance: The perspective of the vendor in cross-border outsourcing [J]. Journal of Management Studies, 2010d, 47 (8): 1457-1482.

[145] Li Y, Xie E, Teo H, and et al. Formal control and social control in domestic and international buyer-supplier relationships [J]. Journal of Operations Management, 2010b, 28 (4): 333-344.

[146] Lin N. Building a network theory of social capital [J]. Connections, 1999, 22 (1): 28-51.

[147] Liu S. Effects of control on the performance of information systems projects: The moderating role of complexity risk [J]. Journal of Operations Management, 2015 (36): 46-62.

[148] Liu Y, Huang Y, Luo Y, and et al. How does justice matter in achieving buyer-supplier relationship performance? [J]. Journal of Operations Management, 2012 (30): 355-367.

[149] Liu Y, Luo Y, Liu T. Governing buyer-supplier relationships through transactional and relational mechanisms: Evidence from China [J]. Journal ofOperations Management, 2009, 27 (4): 294-309.

[150] Lohse N, Ratchev S, Valtchanov G. Towards wev-enabled design of modular assembly systems [J]. Assembly Automation, 2004, 24 (3): 270-279.

[151] Lopez-Duarte C, Vidal-Suarez M. Cultural distance and the choice between wholly owned subsidiaries and joint ventures [J]. Journal of Business Research, 2012, 66 (11): 2252-2261.

[152] Loury G. A dynamic theory of racial income differences. [M]. Lexington, Mass: Lexington Books, 1977.

[153] Luke R, Begun GW, Pointer DD. Quasi firms: Strategic interorganizational forms in the health care industry [J]. Academy of Management Review, 1989 (14): 9-19.

[154] Lumineau F, Henderson JE. The influence of relational experience and contractual governance on the negotiation strategy in buyer-supplier disputes [J]. Journal of Operations Management, 2012, 30 (5): 382-395.

[155] Lumineau F, Malhotra D. Shadow of the contract: How contract structure shapes interfirm dispute resolution [J]. Strategic Management Journal, 2011 (32): 532-555.

[156] Lumineau F. How contracts influence trust and distrust [J]. Journal of Management, 2015, early online on October 31, 2014, DOI: 10. 1177/0149206314556656.

[157] Luo Y, Liu Y, Zhang L, and et al. A taxonomy of control mechanisms and effects on channel cooperation in China [J]. Journal of the Academy Marketing Science, 2011, 39 (2): 307-326.

[158] Luo Y, Wang SL, Jayaraman V, and et al. Governing business process offshoring: properties, processes, and preferred modes [J]. Journal of World Business, 2013,

48 (3): 407-419.

[159] Luo Y, Wang SL, Zheng Q, and et al. Task attributes and process integration in business process offshoring: A perspective of service providers from India and China [J]. Journal of International Business Studies, 2012 (43): 498-524.

[160] Luo Y. Contract, cooperation, and performance in international joint ventures [J]. Strategic Management Journal, 2002 (23): 903-919.

[161] Luo Y. Opportunism in inter-firm exchanges in emerging markets [J]. Management and Organization Review, 2006, 2 (1): 121-147.

[162] Luo Y. Structuring interorganizational cooperation: The role of economic integration in strategic alliances [J]. Strategic Management Journal, 2008 (29): 617-637.

[163] Macher JT, Richman BD. Transaction cost economics: An assessment of empirical research in the social sciences [J]. Business and Politics, 2008 (10): 1-63.

[164] Mahnke V, Serden O. Outsourcing innovation and relational governance [J]. Industry and Innovation, 2006, 13 (2): 121-125.

[165] Malhotra D, Lumineau F. Trust and collaboration in the aftermath of conflict: The effects of contracts structure [J]. Academy of Management Journal, 2011, 54 (5): 981-998.

[166] Malhotra D, Murnighan JK. The effects of contracts on interpersonal trust [J]. Administrative Science Quarterly, 2002 (47): 534-559.

[167] Mani D, Barua A, Whinston AB. An empirical analysis of the contractual and information structures of business outsourcing relationships [J]. Information Systems Research, 2012, 23 (3): 618-634.

[168] Mani D, Barua A, Whinston A. An empirical analysis of the impact of information capabilities design on business process outsourcing performance [J]. MIS Quarterly, 2010, 34 (1): 39-62.

[169] Mao JY, Lee JN, Deng CP. Vendors' perspectives on trust and control in offshore information systems outsourcing [J]. Information & Management, 2008 (45): 482-492.

[170] March JG. Exploration and exploitation in organizational learning [J]. Organization Science, 1991, 2 (1): 71-87.

[171] Mathew SK, Chen Y. Achieving offshore software development success: An empirical analysis of risk mitigation through relational norms [J]. Journal of Strategic Information Systems, 2013 (22): 298-314.

[172] Mayer KJ, Argyres NS. Learning to contract: Evidence from the personal com-

puter industry [J]. Organization Science, 2004 (15): 394-410.

[173] McEvily B, Marcus A. Embedded ties and the acquisition of competitive capabilities [J]. Strategic Management Journal, 2005 (26): 1033-1055.

[174] McEvily B, Zaheer A. Bridging ties: A source of firm heterogeneity in competitive capabilities [J]. Strategic Management Journal, 1999 (20): 1133-1156.

[175] McFadyen M, Cannella A. Social capital and knowledge creation: Diminishing returns of the number and strength of exchange relationships [J]. Academy of Management Journal 2004, 47: 735-746.

[176] McIvor R. How the transaction cost and resource-based theories of the firm inform outsourcing evaluation [J]. Journal of Operations Management, 2009 (27): 45-63.

[177] Metters R. A typology of offshoring and outsourcing in electronically transmitted services [J]. Journal of Operations Management, 2008, 26 (2): 198-211.

[178] Mikkola JH, Gassmann O. Managing modularity of product architectures: Toward an integrated theory [J]. IEEE Transactions on Engineering Management, 2003, 50 (2): 1-14.

[179] Mikkola JH. Capturing the degree of modularity embedded in product architectures [J]. Journal of Product Innovation Management, 2006, 23 (2): 128-146.

[180] Molina-Morales FX, Martinez-Fernandez MT, Torlo VJ. The dark side of trust: The benefits, costs, and optimal levels of trust for innovation performance [J]. Long Range Planning, 2011, 44: 118-133.

[181] Moran P. Structural vs. Relational embeddedness: Social capital and managerial performance [J]. Strategic Management Journal, 2005 (26): 1129-1151.

[182] Morgan RM, Hunt SD. The commitment-trust theory of relationship marketing [J]. Journal of Marketing, 1994 (58): 20-38.

[183] Nahapiet J, Ghoshal S. Social capital, intellectual capital, and the organizational advantage [J]. Academy of Management Review, 1998, 23 (2): 242-266.

[184] Narayanan S, Jayaraman V, Luo Y, and et al. The antecedents of process integration in business process outsourcing and its effect on firm performance [J]. Journal of Operations Management, 2011, 29 (1-2): 3-16.

[185] Narayanan S, Narasimhan R, Schoenherr T. Assessing the contingent effects of collaboration on agility performance in buyer-supplier relationships [J]. Journal of Operations Management, 2015 (33-34): 140-154.

[186] Nielsen B, Gudergan S. Exploration and exploitation fit and performance in inter-

national strategic alliances [J]. International Business Review, 2012, 21 (4): 558-574.

[187] Noordhoff CS, Kyriakopoulos K, Moorman C, and et al. The bright side and dark side of embedded ties in business-to-business innovation [J]. Journal of Marketing, 2011, 75 (5): 34-52.

[188] O'Reilly C, Tushman M. Ambidexterity as a dynamic capability: Resolving the innovator's dilemma [J]. Research in Organizational Behavior, 2008 (28): 185-206.

[189] On L, Liang X, Priem R, and et al. Top management team trust, behavioral integration and the performance of international joint ventures [J]. Journal of Asia Business Studies, 2013, 7 (2): 99-122.

[190] Orton JD, Weick KE. Loosely coupled systems: A reconceptualization [J]. Academy of Management Review, 1990, 15 (2): 203-223.

[191] Palvia PC, King RC, Xia W, and et al. Capability, quality, and performance of offshore IS vendors: A theoretical framework and empirical investigation [J]. Decision Sciences, 2010, 41 (2): 231-270.

[192] Park NK, Mezias JM, Song J. A resource-based view of strategic alliances and firm value in the electronic marketplace [J]. Journal of Management, 2004, 30 (1): 7-27.

[193] Parkhe A. Strategic alliance structuring: A game theoretic and transaction cost examination of inter-firm cooperation [J]. Academy of Management Journal, 1993 (36): 794-829.

[194] Parkhe A. Understanding trust in international alliances [J]. Journal of World Business, 1998, 33 (3): 219-240.

[195] Parmigiani A, Rivera-Santos M. Clearing a path through the forest: A meta-review of interorganizational relationships [J]. Journal of Management, 2011, 37 (4): 1108-1136.

[196] Perez-Luno A, Medina CC, Lavado AC, and et al. How social capital and knowledge affect innovation [J]. Journal of Business Research, 2011 (64): 1369-1376.

[197] Perry-Smith JE, Shalley CE. The social side of creativity: A static and dynamic social network perspective [J]. Academy of Management Review, 2003, 28 (1): 89-107.

[198] Peteraf MA. The cornerstones of competitive advantage: A resource-based view [J]. Strategic Management Journal, 1993 (14): 179-191.

[199] Podsakoff PM, Organ DW. Self-reports in organizational research: Problems and prospects [J]. Journal of Management, 1986, 12 (4): 531-544.

[200] Podsakoff PM, Scott B, Podsakoff NP, and et al. Common method biases in behavioral research: A critical review of the literature and recommended remedies [J]. Journal of Applied Psychology, 2003, 88 (5): 879-903.

[201] Poppo L, Zenger T. Do formal contracts and relational governance function as substitutes or complements? [J] Strategic Management Journal, 2002, 23 (8): 707-725.

[202] Poppo L, Zhou KZ. Managing contracts for fariness in buyer-supplier exchanges [J]. Strategic Management Journal, 2014 (35): 1508-1527.

[203] Pothukuchi V, Damanpour F, Choi J, and et al. National and organizational culture differences and international joint venture performance [J]. Journal of International Business Studies, 2002, 33 (2): 243-265.

[204] Provan KG. The federation as an interorganizational linkage network [J]. Academy of Management Review, 1983 (8): 79-89.

[205] Putnam RD. Bowling alone: America's declining social capital [J]. Journal of Democracy, 1995 (6): 65-78.

[206] Rai A, Keil M, Hornyak R, and et al. Hybrid relational - contractual governance for business process outsourcing [J]. Journal of Management Information Systems, 2012, 29 (2): 213-256.

[207] Rai A, Maruping LM, Venkatesh V. Offshore information systems project success: The role of social embeddedness and cultural characteristics [J]. MIS Quarterly, 2009, 33 (3): 617-641.

[208] Raisch S, Birkinshaw J. Organizational ambidexterity: Antecedents, outcomes, and moderators [J]. Journal of Management, 2008, 34 (3): 375-409.

[209] Raman R, Chadee D, Roxas B, and et al. Effects of partnership quality, talent management, and global mindset on performance of offshore IT service providers in India [J]. Journal of International Management, 2013 (19): 333-346.

[210] Ravindran K, Susarla A, Mani D, and et al. Social capital and contract duration in buyer-supplier networks for information technology outsourcing [J]. Information Systemes Research, 2015, 26 (2): 379-397.

[211] Reuer J, Arino A. Strategic alliance contract: Dimensions and determinants of contractual complexity [J]. Strategic Management Journal, 2007, 28 (3): 313-330.

[212] Ribbink D, Grimm C. The impact of cultural differences on buyer-supplier negotiations: An experimental study [J]. Journal of Operations Management, 2014 (32): 114-126.

[213] Rindfleisch A, Heide JB. Transaction cost analysis: Past, present, and future applications [J]. Journal of Marketing, 1997 (61): 30-54.

[214] Rivers C, Lytle AL. Lying, cheating foreigners!! Negotiation ethics across cultures [J]. International Negotiation, 2007, 12 (1): 1-28.

[215] Robinson DT, Stuart TE. Financial contracting in biotech strategic alliances [J]. Journal of Law and Economics, 2007 (50), 559-596.

[216] Robson MJ, Katsikeas CS, Bello DC. Drivers and performance outcomes of trust in international strategic alliances: The role of organizational complexity [J]. Organization Science, 2008 (19): 647-665.

[217] Rodan S, Galunic C. More than network structure: How knowledge heterogeneity influences managerial performance and innovativeness [J]. Strategic Management Journal, 2004 (25): 541-562.

[218] Roden S, Lawson B. Developing social capital in buyer-supplier relationships: The contingent effect of relationship-specific adaptations [J]. International Journal of Production Economics, 2014 (151): 89-99.

[219] Rousseau DM, Sitkin SB, Burt RS et al. Not so different after all: A cross-discipline view of trust [J]. Academy of Management Review, 1998 (23): 393-404.

[220] Rowley T, Behrens D, Krackhardt D. Redundant governance structures: An analysis of structural and relational embeddedness in the steel and semiconductor industries [J]. Strategic Management Journal, 2000 (21): 369-386.

[221] Russell RD, Russell CJ. An examination of the effects of organizational norms, organizational structure, and environmental uncertainty on entrepreneurial strategy [J]. Journal of Management, 1992 (18): 639-656.

[222] Rustagi S, King WR, Kirsch LJ. Predictors of formal control usage in IT outsourcing partnerships [J]. Information Systems Research, 2008, 19 (2): 126-143.

[223] Ryall MD, Sampson RC. Repeated interaction and contract structure: Evidence from technology development contracts [J]. Management Science, 2009 (55): 906-925.

[224] Sanchez R, Collins RP. Competing and learning in modular markets [J]. Long Range Planning, 2001, 34 (6): 645-667.

[225] Sanchez R, Mahoney JT. Modularity, flexibility, and knowledge management in product and organization design [J]. Strategic Management Journal, 1996 (17): 63-76.

[226] Sanchez R. Modular architectures in the marketing process [J]. Journal of Marketing, 1999 (63): 92-111.

[227] Sanchez R. Strategic flexibility in product competition [J]. Strategic Management Journal, 1995 (16): 135-159.

[228] Sanchez R. Strategic product creation: Managing new interactions of technology, markets, and organizations [J]. European Management Journal, 1996 (14): 121-138.

[229] Sarala RM, Vaara E. Cultural differences, convergence, and crossvergence as explanations of knowledge transfer in international acquisitions [J]. Journal of International Business Studies, 2010 (41): 1365-1390.

[230] Sasaki I, Yoshikawa K. Going beyond national cultures: Dynamic interaction between intra-national, regional, and organizational realities [J]. Journal of World Business, 2014 (49): 455-464.

[231] Schepker DJ, Oh W, Martynov A, and et al. The many futures of contracts: Moving beyond structure and safeguarding to coordination and adaption [J]. Journal of Management, 2014, 40 (1): 193-225.

[232] Schilke O, Cook K. Sources of alliance partner trustworthiness: Integrating calculative and relational perspectives [J]. Strategic Management Journal, 2015 (36): 276-297.

[233] Schilling MA, Steensma HK. The use of modular organizational forms: An industry-level analysis [J]. Academy of Management Journal, 2001, 44 (6): 1149-1168.

[234] Schilling MA. Toward a general modular systems theory and its application to interfirm product modularity [J]. Academy of Management Review, 2000, 25 (2): 312-334.

[235] Schwartz S. A theory of cultural values and some implications for work [J]. Applied Psychology: An International Review, 1999, 48 (1): 12-47.

[236] Scott J, Ghosh B. Social capital in knowledge based business process outsourcing [C]. AMCIS 2007 Proceedings Paper, 2007.

[237] Shane S, Stuart T. Organizational endowments and the performance of university start-ups [J]. Management Science, 2002 (48): 154-170.

[238] Siegel J, Licht A, Schwartz S. Egalitarianism, cultural distance and FDI: A new approach [C]. Working paper No. 133 American Law & Economics Associations Annual Meetings, 2008.

[239] Simon HA. The architecture of complexity [J]. Proceedings of the American philosophical society, 1962 (106): 467-482.

[240] Simsek Z, Lubatkin MH, Floyd SW. Inter-firm networks and entrepreneurial behavior: A structural embeddedness perspective [J]. Journal of Management, 2003, 29 (3): 427-442.

[241] Srikanth K, Puranam P. Integrating distributed work: Comparing task design, communication, and tacit coordination mechanisms [J]. Strategic Management Journal, 2011 (32): 849-875.

[242] Srivastava SC, Teo T. Contract performance in offshore systems development: Role of control mechanisms [J]. Journal of Management Information Systems, 2012, 29 (1): 115-158.

[243] Stahl G, Voigt A. Do cultural differences matter in mergers and acquisitions? A tentative model and examination [J]. Organization Science, 2008, 19 (1): 160-176.

[244] Stam W, Elfring T. Entrepreneurial orientation and new venture performance: The moderating role of intra-and extraindustry social capital [J]. Academy of Management Journal, 2008, 51 (1): 97-111.

[245] Sun B, Lo J. Achieving alliance ambidexterity through managing paradoxes of cooperation: A new theoretical framework [J]. European Journal of Innovation Management, 2014, 17 (2): 144-165.

[246] Swar B, Moon J, Oh J, and et al. Determinants of relationship quality for IS/IT outsourcing success in public sector [J]. Information Systems Frontiers, 2010, 14 (2): 1-19.

[247] Takahashi C, Yamagishi T, Liu JH, and et al. The intercultural trust paradigm: studying joint cultural interaction and social exchange in real time over the Internet [J]. International Journal of Intercultural Relations, 2008, 32 (3): 215-228.

[248] Tanriverdi H, Konana P, Ge L. The choice of sourcing mechanisms for business processes [J]. Information Systems Research, 2007, 18 (3): 280-299.

[249] Tate WL, Ellram LM, Bals L, and et al. Offshore outsourcing of services: An evolutionary perspective [J]. International Journal of Production Economics, 2009 (120): 512-524.

[250] Terjesen S, Patel PC, Sanders NR. Managing differentiation-integration duality in supply chain integration [J]. Decision Sciences, 2012, 43 (2): 303-339.

[251] Tiwana A, Keil M. Control in internal and outsourced software projects [J]. Journal of Management Information Systems, 2009, 26 (3): 9-44.

[252] Tiwana A, Keil M. Does peripheral knowledge complement control? An empirical test in technology outsourcing alliances [J]. Strategic Management Journal, 2007 (28): 623-634.

[253] Tiwana A. Do bridging ties complement strong ties? An empirical examination of

alliance ambidexterity [J]. Strategic Management Journal, 2008c (29): 251-272.

[254] Tiwana A. Does interfirm modularity complement ignorance? A filed study of software outsourcing alliances [J]. Strategic Management Journal, 2008a (29): 1241-1252.

[255] Tiwana A. Does technological modularity substitute for control? A study of alliance performance in software outsourcing [J]. Strategic Management Journal, 2008b (29): 769-780.

[256] Tiwana A. Systems development ambidexterity: Explaining the complementary and substitutive roles of formal and informal controls [J]. Journal of Management Information Systems, 2010, 27 (2): 87-126.

[257] Tjosvold D, Hui C, Yu Z. Conflict management and task reflexivity for team in-role and extra-role performance in China [J]. International Journal of Conflict Management, 2003 (12): 239-258.

[258] Tsai W, Ghoshal S. Social capital and value creation: The role of intrafirm networks [J]. Academy of Management Journal, 1998 (41): 464-476.

[259] Tsai W. Social capital, strategic relatedness and the formation of intraorganizational linkages [J]. Strategic Management Journal, 2000, 21 (9): 925-939.

[260] Tsang EWK. Transaction cost and resource-based explanations of joint ventures: A comparison and synthesis [J]. Organization Studies, 2000, 21 (1): 215-242.

[261] Ueltschy LC, Ueltschy ML, Fachinelli AC. The impact of culture on the generation of trust in global supply chain relationships [J]. Marketing Management Journal, 2007, 17 (1): 15-26.

[262] Uzzi B. Social embeddedness in the creation of financial capital [J]. American Sociological Review, 1999 (64): 481-505.

[263] Uzzi B. Social structure and competition in interfirm networks: The paradox of embeddedness [J]. Administrative Science Quarterly, 1997 (42): 35-67.

[264] Uzzi B. The sources and consequences of embeddedness for the economic performance of organizations: The network effect [J]. American Sociological Review, 1996 (61): 674-698.

[265] Villena VH, Revilla E, Choi TY. The dark side of buyer - supplier relationships: A social capital perspective [J]. Journal of Operations Management, 2011, 29 (6): 561-576.

[266] Voordijk H, Meijboom B, de Haan J. Modularity in supply chains: A multiple case study in the construction industry [J]. International Journal of Operations and

Production Management, 2006, 26 (6): 600-618.

[267] Waldman DE, Jensen EJ. Industrial organization: Theory and practice 3rd ed [M]. Boston, MA: Pearson Education, Inc. , 2007.

[268] Wang H, Chen W. Is firm-specic innovation associated with greater value appropriation? The roles of environmental dynamism and technological diversity [J]. Research Policy, 2010, 39 (1): 141-154.

[269] Wang L, Yeung J, Zhang M. The impact of trust and collaboration on innovation performance: The moderating role of environmental uncertainty [J]. International Journal of Production Economics, 2011 (134): 114-122.

[270] Weber L, Mayer KJ, Macher JT. An analysis of extendibility and early termination provisions: The importance of framing duration safeguards [J]. Academy of Management Journal, 2011 (54): 182-202.

[271] Weick KE. Educational organizations as loosely coupled systems [J]. Administrative Science Quarterly, 1976 (21): 1-19.

[272] Weick KE. Management of organizational change among loosely coupled elements. [M] //P. S. Goodman, Associates. Change in organizations. San Francisco: Jossey-Bass, 1982.

[273] Wernerfelt B. A resource-based view of the firm [J]. Strategic Management Journal, 1984 (5): 171-180.

[274] Westner M, Strahringer S. Determinants of success in IS offshoring projects: Results from an empirical study of German companies [J]. Information & Management, 2010 (47): 291-299.

[275] Weterings A, Koster S. Inheriting knowledge and sustaining relationships: What stimulates the innovative performance of small software firms in the Netherlands [J]. Research Policy, 2007 (36): 320-335.

[276] Williamson OE. Comparative economic organization: The analysis of discrete structural alternatives [J]. Administrative Science Quarterly, 1991 (36): 269-296.

[277] Williamson OE. Strategy research: Governance and competence perspectives [J]. Strategic Management Journal, 1999, 20 (12): 1087-1108.

[278] Williamson OE. The economic institutions of capitalism [M]. New York: Free Press, 1985.

[279] Williamson OE. The mechanisms of governance [M]. New York: The Free Press, 1996.

［280］ Winkler JK, Dibbern J, Heinzl A. The impact of cultural differences in offshore outsourcing–Case study results from German–Indian application development projects ［J］. Information System Frontiers, 2008 (10): 243–258.

［281］ Woolthuis RK, Hillebrand B, Nooteboom B. Trust, contract and relationship development ［J］. Organization Studies, 2005, 26 (6): 813–840.

［282］ Worren N, Moore K, Cardona P. Modularity, strategic flexibility, and firm performance: A study of the home appliance industry ［J］. Strategic Management Journal, 2002 (23): 1123–1140.

［283］ Wu WP, Leung A. Does a micro–macro link exist between managerial value of reciprocity, social capital and firm performance? The case of SMEs in China ［J］. Asia Pacific Journal of Management, 2005 (22): 445–463.

［284］ Wu WP. Dimensions of social capital and firm competitiveness improvement: The mediating role of information sharing ［J］. Journal of Management Studies, 2008 (45): 122–146.

［285］ Xiao Z, Tsui AS. When brokers may not work: The cultural contingency of social capital in Chinese high–tech firms ［J］. Administrative Science Quarterly, 2007 (52): 1–31.

［286］ Yan T, Dooley KJ. Communication intensity, goal congruence, and uncertainty in buyer–supplier new product development ［J］. Journal of Operations Management, 2013 (31): 523–542.

［287］ Yang Z, Su C, Fam K. Dealing with institutional distances in international marketing channels: Governance strategies that engender legitimacy and efficiency ［J］. Journal of Marketing, 2012, 76 (3): 41–55.

［288］ Yang Z, Zhou C, Jiang L. When do formal control and trust matter? A context–based analysis of the effects on marketing channel relationships in China ［J］. Industrial Marketing Management, 2011, 40 (1): 86–96.

［289］ Yli–Renko H, Autio E, Sapienza HJ. Social capital, knowledge acquisition, and knowledge exploitation in young technology–based firms ［J］. Strategic Management Journal, 2001 (22): 587–613.

［290］ Zaheer A, McEvily B, Perrone V. Does trust matter? Exploring the effects of interorganizational and interpersonal trust on performance ［J］. Organization Science, 1998, 9 (2): 141–159.

［291］ Zeybek AY, O'Brien M, Griffith DA. Perceived cultural congruence's influence on employed communication strategies and resultant performance: A transitional economy international joint venture illustration [J]. International Business Review, 2003 (12): 499-521.

[292] Zhang J, Baden-Fuller C. The influence of technological knowledge base and organizational structure on technology collaboration [J]. Journal of Management Studies, 2010 (47): 679-704.

[293] Zhang J, Wu W. Social capital and new product development outcomes: The mediating role of sensing capability in Chinese high-tech firms [J]. Journal of World Business, 2013, 48 (4): 539-548.

[294] Zhang Q, Zhou K. Governing interfirm knowledge transfer in the Chinses market: The interplay of formal and informal mechanisms [J]. Industrial Marketing Management, 2013, 42 (5): 783-791.

[295] Zheng W. A social capital perspective of innovation from individuals to nations: Where is empirical literature directing us [J]. International Journal of Management Review, 2010, 12 (2): 151-183.

[296] Zhou K, Xu D. How foreign firms curtail local supplier opportunism in China: Detailed contracts, centralized control, and relational governance [J]. Journal of International Business Studies, 2012, 43 (7): 677-692.

[297] Zhou KZ, Poppo L, Yang Z. Relational ties or customized contracts? An examination of alternative governance choices in China [J]. Journal of International Business Studies, 2008 (39): 526-534.

[298] Zhou KZ, Poppo L. Exchange hazards, relational reliability, and contracts in China: The contingent role of legal enforceability [J]. Journal of International Business Studies, 2010, 41 (5): 861-881.

[299] Babbie E. 社会研究方法 [M]. 北京：清华大学出版社，2003.

[300] 柴渊哲. 承接国际服务外包竞争力比较研究 [D]. 大连：东北财经大学，2014.

[301] 陈荣江. 承接离岸服务外包的影响因素研究——基于金砖五国的面板数据的分析 [D]. 广州：广东外语外贸大学，2014.

[302] 焦俊，李垣. 联盟中显性知识转移和企业内部创新 [J]. 预测，2007，26 (5): 31-35.

[303] 李怀祖. 管理研究方法论（第二版） [M]. 西安：西安交通大学出版社，2004.

[304] 李克强：服务外包要从“出力”向“出智慧”升级 [EB/OL]. 中国政府

网.［2014-11-26］，http：//www.gov.cn/xinwen/2014-11/26/content_ 2783764.htm.

［305］李颖.产品模块化对组织创新的影响研究：战略柔性视角［D］.广州：广东工业大学，2014.

［306］青木昌彦，安藤晴彦.模块时代：新产业结构的本质［M］.周国荣译.上海：上海远东出版社，2003.

［307］人民日报：全球外包，经济发展新引擎［EB/OL］.人民网.［2011-05-19］，http：//mnc.people.com.cn/GB/14677405.html.

［308］童时中.模块化的概念与定义［J］.电力标准化与计量，1995（4）：22-25.

［309］王良，刘益，王亚娟.任务不确定性与外部流程整合对项目绩效的作用机制研究——基于中国离岸信息技术外包产业的实证分析［J］.管理评论，2013，34（1）：20-30.

［310］王琦.IT外包项目中的知识转移实证研究［D］.长沙：中南大学，2012.

［311］王晓红.全球服务业离岸外包的发展趋势与中国的政策选择［J］.宏观经济研究，2007（6）：14-20.

［312］王亚娟.接包企业内外部协调方式对离岸服务外包项目绩效的影响研究［D］.西安：西安交通大学，2015.

［313］温忠麟，侯杰泰，张雷.调节效应与中介效应的比较和应用［J］.心理学报，2005，37（2）：268-274.

［314］吴明隆.SPSS统计应用实务［M］.北京：中国铁道出版社，2000.

［315］杨波，殷国鹏.中国IT服务外包企业能力研究［J］.管理学报，2010，7（2）：199-203.

［316］叶娇.文化差异对跨国技术联盟知识转移机制的影响——基于知识转移过程的分析［D］.大连：大连理工大学，2012.

［317］郑淞月，刘益，王良.接包方如何克服双方差异对客户满意的阻碍？——以我国信息产业离岸服务外包为例［J］.管理评论，2015，27（2）：99-110.

附 录

国际客户业务流程与服务外包调查问卷

尊敬的国际外包项目经理/负责人：

您好！我们是西安交通大学管理学院外包研究课题组（国家自然科学基金项目编号：××××××），旨在探索全球竞争形势下，中国接包方企业如何更好地开展针对国际客户的离岸业务流程与服务外包服务。非常感谢您在百忙之中抽出时间，参与此次问卷调查活动！

本问卷主要针对贵公司的一项（a）合同金额最大，且（b）交付日期已满 3 个月的国际外包业务进行调查。问卷一式两份，请该项目的负责人和一位主要参与者分别填写。

本问卷仅用于研究目的，贵公司的全部信息都会被严格保密。在答卷过程中，请答卷人认真阅读与回答每一个问题，避免疏漏与误答。此外，如果贵公司对本书感兴趣，请告知我们，我们会在日后将研究成果与贵公司分享。

西安交通大学管理学院外包研究课题组

请您根据该国际外包项目的实际情况，回答下列问题。

一、项目基本信息

P01 该项目的合同持续年限： □不足 3 个月　□3~6 个月　□6 个月~1 年　□1~2 年　□2~3 年　□3~5 年　□超过 5 年	
P02 该项目的合同总金额：（单位：万美元） □不足 50　□50~100　□100~500　□500~1000　□1000~5000　□超过 5000	
P03 该项目所属类型（限单选，请选择最符合的一项）： □应用软件开发　□应用软件支持与维护　□运营维护服务　□设计/研发 □技术支持　□系统整合　□金融服务　□会计服务　□人力资源服务 □客户服务（包括呼叫中心）　□研究和客户分析　□采购与供应链服务 □其他（请在横线处注明）：________________________	
P04 该项目开发团队共有：____人	P05 该项目的知识密集程度：□高□低
P06 该客户来自哪个国家？请在横线处注明：________	

续表

P07 该客户在中国是否有其他接包方？□是□否
P08 在该项目之前，贵公司已为该客户完成过个外包项目。（若没有，请写“无”）
P09 为完成该项目，该客户是否在贵公司处派驻代表？□是□否
P10 为完成该项目，贵公司是否在该客户处派驻代表？□是□否

二、在该项目的业务/任务特性方面，您是否同意下列描述？（1—完全不同意；2—基本不同意；3—不太同意；4—不确定；5—部分同意；6—基本同意；7—完全同意）

1. 该外包业务涉及很多常规性与重复性的工作	1	2	3	4	5	6	7
2. 与该外包业务联系紧密的业务流程短期内相当稳定	1	2	3	4	5	6	7
3. 与该外包业务联系紧密的信息技术短期内相当稳定	1	2	3	4	5	6	7
4. 在短期内，该外包业务的完成情况具有良好的可预测性	1	2	3	4	5	6	7
5. 该外包业务存在可遵循的既定流程与惯例	1	2	3	4	5	6	7
6. 该外包业务在初期识别出的需求与后期实际需求没有很大差异	1	2	3	4	5	6	7
7. 该外包业务的变动不会影响该客户的其他业务流程	1	2	3	4	5	6	7
8. 该外包业务很容易与该客户的其他业务流程组合或重组	1	2	3	4	5	6	7
9. 该外包业务的绩效能够被独立评估，而不受其他业务流程绩效的影响	1	2	3	4	5	6	7
10. 该外包业务与该客户的其他业务流程之间有明晰的界面与接口	1	2	3	4	5	6	7
11. 我们与该客户制定了一份包含明确奖惩条款的激励性合同	1	2	3	4	5	6	7
12. 合同中明确阐明了绩效目标	1	2	3	4	5	6	7
13. 合同中包含了某些条款：当合作关系失败时，这些条款使该客户更容易地将该项外包业务转移给其他的承接方，或自己开发该业务	1	2	3	4	5	6	7
14. 我们的跨职能团队参与了合同的制定和核准	1	2	3	4	5	6	7
15. 合同中明确规定了争端解决流程	1	2	3	4	5	6	7
16. 合同涉及的各方都明确理解基本定价中所包括的所有服务要求	1	2	3	4	5	6	7

三、在与该客户的互动方面，您是否同意下列描述？（1—完全不同意；2—基本不同意；3—不太同意；4—不确定；5—部分同意；6—基本同意；7—完全同意）

1. 该客户与我们都热衷于追求共同的目标	1	2	3	4	5	6	7
2. 该客户与我们都致力于做出某些改进，这些改进是有利于整体关系的，而不仅仅是有利于其中某一方	1	2	3	4	5	6	7
3. 该客户与我们有着共同的抱负和愿景	1	2	3	4	5	6	7
4. 双方认可的组织价值观和社会规范是一致的	1	2	3	4	5	6	7
5. 参与该项目的双方高管对业务往来有一致的见解和方式	1	2	3	4	5	6	7
6. 我们与该客户彼此理解和欣赏对方的目标和宗旨	1	2	3	4	5	6	7
7. 在我们的关系中，该客户与我们通过相互讨论来解决许多非常规的问题	1	2	3	4	5	6	7
8. 在我们的关系中，该客户与我们之间有解决问题的协调机制	1	2	3	4	5	6	7
9. 在我们的关系中，该客户与我们总是通过相互适应和调整来解决问题	1	2	3	4	5	6	7
10. 我们与该客户经常相互交流和汇报该外包项目的进展与执行情况	1	2	3	4	5	6	7
11. 该客户与我们相互分享影响双方业务的环境信息	1	2	3	4	5	6	7
12. 在我们的关系中，当一方有特殊需求时，会及时地告知对方	1	2	3	4	5	6	7
13. 我们相信当我们需要帮助时，该客户会尽其所能地帮助我们	1	2	3	4	5	6	7
14. 我们相信该客户会关注我们所得到的福利，而不仅是关注他们自身得到的	1	2	3	4	5	6	7
15. 我们相信在与我们合作的过程中，该客户是正直和坦诚的	1	2	3	4	5	6	7
16. 我们相信该客户决不会利用那些损害我方利益的获利机会	1	2	3	4	5	6	7
17. 总体上看，我们认为该客户是值得信赖的	1	2	3	4	5	6	7
18. 该客户相信当他们需要帮助时，我们会尽其所能地帮助他们	1	2	3	4	5	6	7
19. 该客户相信我们会关注他们所得到的福利，而不仅仅是关注我们自身得到的	1	2	3	4	5	6	7
20. 该客户相信在与他们合作的过程中，我们是正直和坦诚的	1	2	3	4	5	6	7
21. 该客户相信我们决不会利用那些损害他们利益的获利机会	1	2	3	4	5	6	7
22. 总体上看，该客户认为我们是值得信赖的	1	2	3	4	5	6	7

四、在该项目的绩效方面，您是否同意下列描述？（1—完全不同意；2—基本不同意；3—不太同意；4—不确定；5—部分同意；6—基本同意；7—完全同意）

1. 该项目是在预算内完成的	1	2	3	4	5	6	7
2. 该项目是按时完成的	1	2	3	4	5	6	7
3. 该项目实现了顾客要求的全部特征和功能	1	2	3	4	5	6	7
4. 该项目实现了关键的项目目标和业务需求	1	2	3	4	5	6	7
5. 整体来看，该项目是很成功的	1	2	3	4	5	6	7

后 记

今年是我开始管理实证研究的第十个年头。2009年秋天，我从西安电子科技大学本科毕业进入西安交通大学管理学院硕博连读。时光荏苒，转眼博士的学习生涯已结束三年有余，回想十余年来的科研生活，感慨良多。

首先要衷心地感谢我的导师刘益教授，正是她的循循善诱和严谨的指导，才使我不断的努力和进步，克服科研中一个个的困难，最终顺利完成博士阶段的学习。刘益教授对营销渠道、组织间关系管理、离岸服务外包等领域都有着深刻的理解和洞见，在她的指导下我逐步提升了自己的研究能力，并发表了令自己满意的学术成果。刘老师渊博的科研知识和严谨的教学态度，以及孜孜不倦的进取精神让我感受颇深，从中获益匪浅。

感谢台湾的罗意如教授，我在台湾元智大学交流学习期间，罗教授无论从生活、学习还是科研上都给了我很多的鼓励、帮助，罗教授经常与我讨论新的研究思路，为我的想法提供及时而深刻的反馈。感谢魏泽龙教授，我在进行管理研究最困惑和艰难的阶段，魏老师经常为我排忧解难，不仅让我及时走出泥潭，而且更加坚定了学术信念。

同时要感谢的是给我授课和指导的老师们：李垣教授、黄伟教授、Prof. Yadong Luo、Prof. Mike Peng、Prof. Arie Lewin、Prof. Qing Cao和Prof. Ghiyoung Im，还有我师兄师姐在各方面的指点、帮助和关照。他们在我学术问题的寻找、框架的构思以及书稿的写作、修改过程中都给了非常关键的点拨，在此我要表达深深的谢意。

感谢生活在文管414实验室和安泰306实验室的兄弟姐妹们，他们是：杨伟、杨倩、李瑶、张钰、王良、张千军、郑淞月、王亚娟、谢亚娴、潘佳、付强、李文茜、廖勇海和贾兴平。在进行管理研究期间，我们建立了深厚的友谊，在与他们的学术讨论中我受益匪浅，大家一起度过了青春年华最美好的几年。在此，我祝福他们未来事业大展宏图，开心幸福！

感谢我的家人，他们为我进行管理研究提供了最坚定有力的支持，在家里并不富裕的情况下鼓励我继续攻读管理研究生学位，追求更高的人生目标。最后，我要特别感谢妻子刘玉，她对我的科研工作提供了最大最有力的帮助和支持。尽管我一穷二白，她却毫无怨言，给我提供她所能做到的一切，她无私的爱是我继续从事科研事业最大的精神动力！

由于我水平有限，编写时间仓促，所以书中错误和不足之处在所难免，恳请广大读者批评指正。谨以此书献给我的妻子刘玉和儿子孙伯驹！

孙彪
2019 年 2 月于河南郑州